AUTOMOTIVE RETAIL SALES MODEL:
DEVELOPMENT AND TRANSFORMATION

汽车销售模式：
发展与变革

宋 涛◎编著

经济管理出版社

图书在版编目（CIP）数据

汽车销售模式：发展与变革/宋涛编著 . —北京：经济管理出版社，2023.8
ISBN 978-7-5096-9172-4

Ⅰ.①汽… Ⅱ.①宋… Ⅲ.①汽车—销售管理 Ⅳ.①F766

中国国家版本馆 CIP 数据核字（2023）第 152523 号

组稿编辑：郭丽娟
责任编辑：许　艳
责任印制：许　艳
责任校对：张晓燕

出版发行：经济管理出版社
　　　　　（北京市海淀区北蜂窝 8 号中雅大厦 A 座 11 层　100038）
网　　址：www.E-mp.com.cn
电　　话：（010）51915602
印　　刷：唐山昊达印刷有限公司
经　　销：新华书店
开　　本：720mm×1000mm/16
印　　张：9
字　　数：137 千字
版　　次：2023 年 11 月第 1 版　2023 年 11 月第 1 次印刷
书　　号：ISBN 978-7-5096-9172-4
定　　价：98.00 元

·版权所有　翻印必究·
凡购本社图书，如有印装错误，由本社发行部负责调换。
联系地址：北京市海淀区北蜂窝 8 号中雅大厦 11 层
电话：（010）68022974　　邮编：100038

序

2023年，中国经济已经迈入全力回稳复苏的关键阶段，汽车市场也迎来了充满巨大挑战和机遇的另一个新常态。一方面，宏观经济增长动力不断积聚增强，市场回暖、政策发力等利好因素，为汽车产业注入了新的动能；另一方面，自2018年以来就持续处于低速增长阶段的中国汽车市场，在过去三年疫情冲击影响下，仍然在不平衡和不稳定中艰难复苏。

中国汽车流通协会对当下的汽车市场做出了三个基本判断：一是从市场层面看，产能释放过度与需求相对不足已经成为现阶段汽车市场的主要矛盾。当前，汽车供给与需求都在改善，但是需求的恢复相对于供给改善仍显不足。二是从产品层面看，传统燃油汽车下行已成趋势，而新能源车高速增长，进入了政策与市场双轮驱动的全新发展阶段，此消彼长的趋势越发明显。三是汽车流通行业和广大经销商进入了深度调整期。伴随着产品的变化，过去以燃油车产品为销售主体的经销商，迫切地需要对产品和品牌进行"瘦身"，从而达到"强身健体"的目的。经销商需要根据企业自身发展的特点和状况，对经营的区域和结构进行优化调整。

中国和全球各国一样，汽车流通渠道正迎来多样化发展。汽车产品和技术在变，市场结构在变，消费者需求在变，渠道也必然发生变革。不论是新造车势力，还是传统汽车品牌的新能源子品牌，甚至是一些燃油车品牌，都在进行渠道的创新，试水直营或代理等销售模式，探索多渠道营销，寻找用户体验与成本效率之间的平衡点。在和协会的交流中，很多汽车流通行业的从业人员提出了这样的问题："未来的渠道模式究竟会怎样发展，我们如何应对？"带着这样的问题，协会也在不断思考、不断交流，《汽车销售模式：发展与变革》这本著作很好地回应了行业的关注。

宋涛2006年加入中国汽车流通协会，我们一起共事的这些年，见证了中国汽车流通行业波澜壮阔的大发展，以及汽车厂家和经销商在这一发展过程中各种创新的商业模式和落地实践。我很高兴，对于汽车销售模式发展与变革这样一个大的课题，宋涛一直在收集信息、整理资料，做各种访谈，并与各国协会和专家进行交流，拿出了这样一份信息完整、观点鲜明、引发共鸣的书稿。宋涛这本著作的许多观点可以帮助政府相关部门、行业同仁、投资机构等更好地了解当前和未来汽车流通行业面临的挑战，充分思考与论证渠道发展与变革路径，借鉴域外经验予以积极应对。

本书第一部分对汽车销售模式的历史演变进行了详细的梳理，从汽车产业的起源、生产和销售环节的变化、发展机遇与挑战等多个方面，对汽车销售模式的发展进行了深入的解读。通过对历史的回顾，读者可以更好地理解现今汽车销售模式的形成及其可能存在的问题。

第二部分对各个主要经济体的汽车销售模式及其监管措施进行了深入的梳理。2020-2022年，由于疫情管控等影响，协会虽然无法和全球各国的行业专家面对面交流，但是一直保持线上的沟通和互动。美国、欧盟、英国、日本、澳大利亚等国的行业协会也一直关注中国的汽车厂商和经销商的渠道变革，大家相互交流销售模式的发展情况、典型的事件和案例以及政府的监管措施变化。由于掌握了这样的第一手资料，宋涛在这部分内容里提供了新的分析视角和可以借鉴的实践案例。

第三部分对现有的汽车销售模式进行了深入的剖析，包括授权模式、代理模式、直营模式等多种模式的特点、优缺点以及存在的问题。通过对现有模式的分析，可以更好地了解现有模式的问题和机会，并为未来的销售模式变革提供参考。

第四部分对中国的汽车销售模式的相关监管措施进行了小结，从法律、法规制度、产业政策等多个角度，总结了不同销售模式的发展现状及可能的合规风险。

第五部分对各种模式的现状和发展情况做了总结和评估，为厂家、经销商及政府监管部门提出了对应的建议。

习近平总书记在主持二十届中央政治局集体学习时曾指出，构建新发展格局的关键在于实现经济循环的畅通无阻。能否实现，主要取决于供给和需求两端是否动力强劲、总体匹配、动态平衡、良性互动。中国汽车流通协会相信，拥有独特服务价值的中国汽车经销商，一定能够通过运营战略、资源配置的持续优化，实现自身发展目标，并在推动汽车流通行业和汽车市场高质量发展的过程中，更好地践行整个产业所赋予的社会价值与责任。《汽车销售模式：发展与变革》这本著作，对汽车销售模式的发展与变革进行了全面的剖析和探讨，提供了丰富的国际案例和广阔的视野。无论是从行业监管的角度，还是从厂商和经销商应对市场变化的角度，本书都提供了专业和独到的参考信息，我希望汽车行业相关从业人士能够在阅读《汽车销售模式：发展与变革》之后有所收获，并应用到工作实践中去，共同为行业的健康发展贡献自己的一份力量。

沈进军

中国汽车流通协会会长

2023 年 8 月

前　言

党的二十大报告提出，"建设现代化产业体系，坚持把发展经济的着力点放在实体经济上，推进新型工业化，加快建设制造强国、质量强国、航天强国、交通强国、网络强国、数字中国"。汽车工业作为现代化产业体系最具代表性的产业，不仅是交通领域的组成核心，决定了人们出行和城市运行的效率，也是我国国民经济的支柱产业。汽车行业的产业关联性之高、涉及范围之广、产业链条之长，鲜有其他产业能够与之相媲美，因而是建设现代化产业体系的重点和关键环节。

2022年以来，中国政府针对中国汽车流通行业密集出台了多个利好政策，鼓励行业发展。2022年5月31日，国务院印发《扎实稳住经济的一揽子政策措施》，明确提出要稳定增加汽车消费，各地区不得新增汽车限购措施，已实施限购的地区逐步增加汽车增量指标数量、放宽购车人员资格限制；全面取消二手车限迁政策，完善二手车市场主体登记注册、备案和车辆交易登记管理规定。2022年7月5日，商务部等17部门联合印发了《关于搞活汽车流通　扩大汽车消费若干措施的通知》，提出支持新能源汽车购买使用、加快活跃二手车市场、促进汽车更新消费、推动汽车平行进口持续健康发展、优化汽车使用环境、丰富汽车金融服务六项具体措施，以扩大汽车消费为出发点，覆盖了汽车生命周期的全环节和各领域，全力推动汽车消费潜力的释放。当前，研究如何在利好政策环境下推动汽车流通行业的良性发展，以期创建和谐、畅通、高效的现代汽车流通体系，具有重要的理论意义与现实意义。

◇ 汽车销售模式：发展与变革

过去这几年，受新冠疫情、地缘政治突发状况、供应链失衡等多重因素影响，全球汽车销售市场的供求关系发生了深刻变化。与此同时，全球汽车销售模式发生了重大变化。2021 年，STELLANTIS 集团计划重组欧洲经销商网络，在没有征集经销商意见的情况下，宣布终止旗下 14 个汽车品牌与经销商当前的合同。奔驰也宣布将澳大利亚地区的授权经营改为代理制，且经销商必须在 2021 年 9 月之前签署新协议，否则奔驰将不会向他们提供产品与授权。就中国而言，尽管授权经销模式仍是目前汽车流通最主要的渠道，但直营模式也在蔚来、小鹏、理想等造车新势力的推动下得以不断发展，同时，上汽大众、一汽大众、上汽奥迪以及 MINI 等品牌也已经在尝试使用代理模式进行销售。商业模式的变革与创新，必然会引发新的监管关注与合规难点。随着新销售模式的发展、消费者消费习惯的变化，主机厂商与经销商之间的关系会产生更大的不确定性，主机厂商与其销售网络之间合同关系的不对等也在日益加剧。

目前，汽车销售模式处于转型期与探索期。随着新能源汽车的高速发展，直营、代理等销售模式也不断涌现与发展。在这些冲击下，传统主机厂商开始寻求变革与创新，部分传统主机厂商的新能源车型亦开始尝试直营、代理等销售模式，甚至部分传统主机厂商的销售模式开始整体由授权经销向直营、代理模式转变。传统授权经销体系该何去何从，它是否会被直营、代理等新销售模式取代？传统授权经销商如何构建可持续性的盈利模式并提升客户满意度，以提高自身竞争力？未来的汽车流通行业是否能够形成多种销售模式并存的竞争性局面？以上问题均将成为当前发展阶段主机厂商和经销商所共同关注的焦点。

在传统授权经销模式中，诸多监管、司法案例从多个视角对主机厂商和经销商提出了相应的合规要点。例如，近年来中国对长安福特、上汽通用、东风日产、奔驰等多个汽车企业的纵向价格限制行为予以反垄断处罚；2021年欧盟则针对戴姆勒、宝马和大众串通限制柴油车排放清洁技术的使用处以

8.75亿欧元的罚款；2020年2月，奥地利法院对标致做出处罚判决，判决禁止标致通过设定无法达成的销售目标变相降低经销商合理返利的做法。直营、代理等销售模式的发展，是否会为主机厂商或代理商带来新的合规困境或难点，也成为当前发展模式下仍需探究的问题。

本书以"企业—市场边界"为切入点，探讨不同汽车销售模式出现的原因及其规模扩张边界，以对未来汽车销售模式的发展趋势予以评估与分析；同时，基于"结构—行为—绩效"的评估范式，对不同的汽车销售模式展开竞争评估与合规风险分析。具体如下：

第一，基于全球主要经济体的汽车销售模式转化、销售政策转变的相关实践，归纳总结形成可借鉴的域外经验。消费群体的需求不断更新，新能源产品也不断创新，随之而来的销售渠道变革已经成为各国主机厂商与经销商需要共同面对的问题。例如，随着奔驰将其在澳大利亚的授权经营制改为代理制，2021年10月，超过80%的澳大利亚独立奔驰经销商联手向奔驰德国及其德国母公司戴姆勒提起诉讼，要求赔偿6.5亿澳元的商誉损失。本书主要对美国、欧盟（德国、法国、意大利和奥地利）、澳大利亚和日本等现行的汽车销售模式与监管规则予以概括，并对销售模式转变过程中所引发的冲击及暴露的问题等情况进行归纳与总结，形成可供国内主机厂商和经销商参考的域外经验。

第二，目前汽车业处于多种销售模式并存之变局，非传统主机厂商普遍采用的直营或代理的销售模式，以及部分传统主机厂商正在或拟进行的直营和/或代理销售模式的尝试，均对传统的授权经销商产生了巨大影响。传统的授权经销商则欲突破现有困局，以形成更具有可持续性与竞争力的商业模式。因此，我们首先以全球主要经济体的汽车经销模式为切入点，分析传统授权经销模式的优势及其在新环境下面临的困局；其次结合新模式的发展契机，深入剖析直营、代理等销售模式的益处与弊端；最后，对授权经销模式与直营、代理等销售模式发展的机遇、困境与挑战予以评估，探析汽车销售模式的发展趋势。

第三，商业模式的变革与创新，必然会引发新的监管关注与合规难点，基于国内汽车业销售模式的变革实践，我们对各种销售模式下可能存在的竞争关切、潜在纠纷、合规风险等内容进行梳理与分析。具体而言，我们将主要针对典型的传统造车企业和蔚来、小鹏、理想等新能源车企所采取的不同销售模式的商业运作模式展开综合分析，以《中华人民共和国反垄断法》《中华人民共和国反不正当竞争法》《中华人民共和国产品质量法》《汽车销售管理办法》等监管规则为分析视角，对前述汽车销售模式合规风险展开具体分析与研判。

2023年《政府工作报告》指出，今后还需努力的重点包括："着力扩大国内需求。把恢复和扩大消费摆在优先位置。多渠道增加城乡居民收入。稳定汽车等大宗消费，推动餐饮、文化、旅游、体育等生活服务消费恢复。"总体来说，本书通过对汽车流通行业发展历程的梳理，并针对全球主要经济体的汽车流通模式转变、监管规则变革等域外实践经验予以归纳总结，不仅在于探求汽车流通模式可能的发展趋势和发展前景，也在于评估中国汽车业流通相关商业模式的利弊，深入剖析不同流通模式可能引发的竞争关切和合规难点，为汽车流通行业的健康、稳定、可持续良性发展提供理论支持。在此基础上，以期为推动汽车市场供给体系、需求结构、流通网络和发展环境提质升级，为进一步筑牢和增强汽车消费对经济发展的基础性作用提供助力。

目 录

第一章 汽车业销售模式概述 ·· 2

一、汽车业发展概况 ·· 2

二、汽车销售模式的发展概述 ·· 4

（一）汽车销售模式的类型划分 ·· 4

（二）汽车行业发展机遇与挑战 ·· 8

第二章 主要经济体汽车销售模式的现状分析 ························· 20

一、美国 ·· 20

（一）美国现行汽车销售模式 ·· 20

（二）美国现行监管规则 ··· 24

（三）对美国现行模式的归纳与总结 ··································· 29

二、欧盟与英国 ··· 31

（一）北欧国家现行汽车销售模式及监管规则 ··················· 31

（二）德国现行汽车销售模式及监管规则 ··························· 35

（三）法国现行汽车销售模式及监管规则 ··························· 41

（四）意大利现行汽车销售模式及监管规则 ······················· 44

（五）奥地利现行汽车销售模式及监管规则 ······················· 48

（六）英国现行汽车销售模式及监管规则 ··························· 52

— 1 —

　　　　（七）对欧盟与英国现行汽车销售模式的归纳与总结 ……… 55

　　三、日本 ……………………………………………………………… 57
　　　　（一）日本现行汽车销售模式 …………………………… 57
　　　　（二）日本现行监管规则 ………………………………… 59
　　　　（三）对日本现行模式的归纳与总结 …………………… 61

　　四、澳大利亚 ………………………………………………………… 62
　　　　（一）澳大利亚现行汽车销售模式 ……………………… 62
　　　　（二）澳大利亚现行监管规则 …………………………… 62
　　　　（三）对澳大利亚现行模式的归纳与总结 ……………… 64

第三章　汽车销售模式的变革及其评估 …………………………… 67
　　一、传统主机厂商的授权经销模式 ………………………………… 67
　　　　（一）授权经销模式的发展历程 ………………………… 67
　　　　（二）授权经销模式的困局 ……………………………… 69
　　二、非传统主机厂商的新模式 ……………………………………… 72
　　　　（一）直营模式的利弊分析 ……………………………… 73
　　　　（二）代理模式的利弊分析 ……………………………… 76
　　三、汽车经销模式的变革与趋势 …………………………………… 81
　　　　（一）新销售模式的开拓之路 …………………………… 81
　　　　（二）传统授权经销模式的破局之路 …………………… 83
　　　　（三）未来汽车经销模式趋势研判 ……………………… 84

第四章　中国汽车销售模式的发展及展望 ………………………… 87
　　一、中国汽车销售监管规则概述 …………………………………… 87
　　　　（一）与汽车销售相关的法律 …………………………… 87
　　　　（二）与汽车销售相关的法规制度 ……………………… 91

（三）与汽车行业相关的产业政策 ················· 98

二、传统 4S 店授权经销模式下的合规风险 ················· 100

（一）传统 4S 店授权经销模式的现状及其发展 ················· 100

（二）传统经销模式下的典型合规风险 ················· 101

三、非传统主机厂商主导直营/代理模式下的合规风险 ················· 107

（一）非传统主机厂商主导的直营/代理新模式 ················· 107

（二）直营/代理模式下的典型合规风险 ················· 108

第五章　主要研究成果与建议 ················· 112

一、主要研究成果 ················· 112

（一）主要经济体的汽车销售模式现状分析 ················· 112

（二）汽车销售模式的变革及发展评估 ················· 114

二、研究建议 ················· 116

（一）聚焦主机厂商的研究建议 ················· 116

（二）聚焦经销商的研究建议 ················· 119

（三）聚焦监管侧的研究建议 ················· 122

参考文献 ················· 124

图片来源：MIdjourney 制作。

第一章　汽车业销售模式概述

一、汽车业发展概况

汽车是全球第二次工业革命的重要产物，百余年的汽车产业发展史见证了人类文明的进步。从"电气时代"到"信息时代"，从手工制造到大规模生产，汽车行业历经了数次产品材料、工艺和技术上的革新，同时也逐渐成为全球各大经济体传统制造业中至关重要的支柱产业。随着新能源汽车的发展与广泛应用，汽车产业也将迎来全新的变革与调整。

汽车产业作为我国国民经济发展中的重要支柱产业之一，在促进经济发展、增加就业、拉动内需、节能减排方面发挥着越来越重要的作用。国家统计局相关数据显示，2021年中国汽车制造业规模以上营业收入为8.67万亿元，同比增长6.7%；汽车制造业利润总额约为5305.7亿元，同比小幅增长1.7%，汽车制造业企业的生产经营情况逐步恢复。此外，2021年汽车类消费品零售额达到4.4万亿元，同比增长7.6%，占社会消费品零售总额的9.9%[1]。

汽车行业主要包括整车制造、零部件生产、汽车经销、汽车后市场四大

---

[1] 工业和信息化部. 中国汽车产业发展年报（2022）[EB/OL]. https://www.pishu.cn/zxzx/xwdt/587340.shtml.

子项，具有规模经济、资本与技术密集、技术创新频繁、与供应链上其他产业高度关联、全球竞争等显著特点。汽车行业是综合性行业，一辆汽车由上万种零部件组装完成，主机厂商、零部件厂商之间分工协作、高度协同，也易形成区域性的汽车产业集群。汽车行业亦是周期性行业，因为它与国家宏观经济环境、产业扶持政策等紧密相关，呈现出周期性变化的特征。

从产业链构成的角度来看，汽车产业链以汽车整车制造业为核心，向上可延伸至汽车零部件制造业以及与零部件制造相关的其他基础工业，向下可延伸至整车销售及汽车后市场领域，其中汽车后市场主要包括汽车金融、汽车保险、汽车租赁、二手车交易等环节。汽车产业链的每一个环节都有相应的法律法规标准体系、试验研究开发体系、认证检测体系等支撑。具体的汽车行业产业链如图1-1所示。

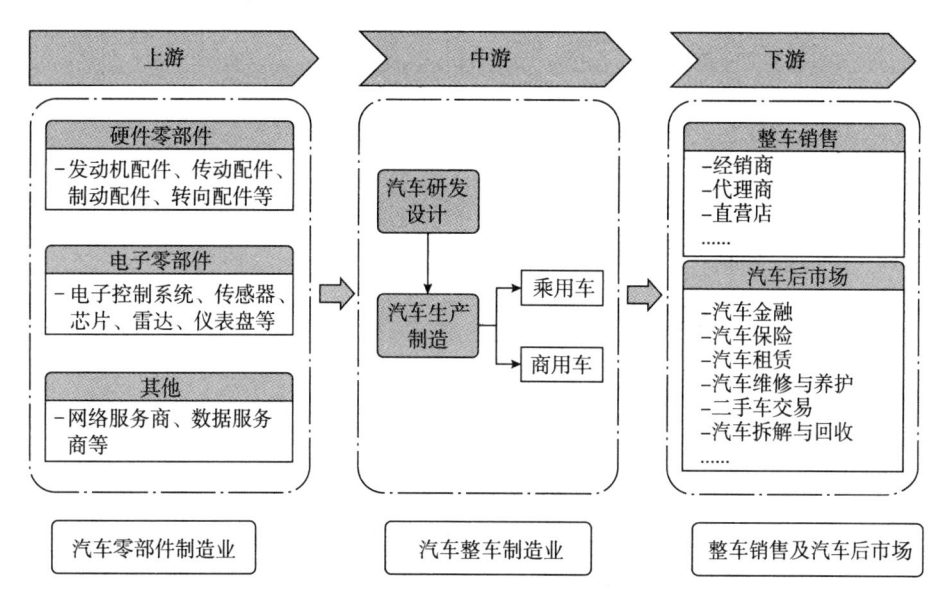

图1-1　汽车产业链示意图

中国汽车行业起步稍晚于其他发达国家，但就目前来看，中国拥有世界上最大的汽车市场，自2009年中国汽车销量超越美国以来，中国汽车产销规模均位列世界第一，是全球最大的汽车产销国。2021年，全球汽车销量为8268万辆，同比增长5.7%，其中中国汽车产销分别完成2608.2万辆和2627.5万辆，同比分别增长3.4%和3.8%[①]，结束了自2018年以来连续3年的下降趋势，首次迎来同比正增长。

中国汽车产业在历经70余年的奋斗发展之后，已经建成全球规模最大、品牌齐全、配套完整的汽车产业体系，更是成为中国建设制造强国的重要支撑力量。汽车产业在国民经济中的地位和作用持续增强，在稳增长、稳投资、稳就业、促消费方面发挥了重要作用。随着全球供应链问题的不断出现，门店与工厂关闭、原材料短缺等问题为全球汽车行业发展带来巨大的挑战。与此同时，在推进碳达峰碳中和的背景下，新能源汽车的崛起也将进一步推动汽车行业整体市场的变革。

二、汽车销售模式的发展概述

（一）汽车销售模式的类型划分

就目前而言，根据主机厂商在销售渠道参与程度的不同，主流的汽车销售模式主要包括授权销售模式、代理销售模式和直营销售模式三种。其中，在授权销售模式下，主机厂商与经销商之间相对独立；在代理销售模式下，主机厂商掌握定价主动权但需依赖代理商在相关地域展开销售；在直营销售模式下，主机厂商将完全自主开展汽车销售活动。另外，还存在以汽车超市为代表的其他汽车销售模式。四种汽车销售模式简述如下：

---

① 中国汽车工业协会.2021年中国汽车工业经济运行报告［EB/OL］.http：//lwzb.stats.gov.cn/pub/lwzb/tzgg/202205/W020220511403033109667.pdf.

1. 授权销售模式

20 世纪 50 年代以前，授权销售模式被认为是最有效的汽车销售模式。国际上通行的特许经营专卖店销售模式即典型的授权销售模式，现今国内的品牌专营模式几乎普遍按照国际通用的汽车分销标准模式建设，采用"三位一体"（3S）制式或"四位一体"（4S）制式：以汽车制造企业的营销部门为中心，以区域管理中心为依托，以特许或特约经销商为基点，集新车销售、零配件供应、维修服务、信息回馈与处理于一体，受控于制造商的分销渠道模式。这种情况下市场供应的不仅是产品本身，还有零配件以及相关服务。制造商占据主导地位，渠道商提供终端销售服务。授权销售模式的运行逻辑如图 1-2 所示。

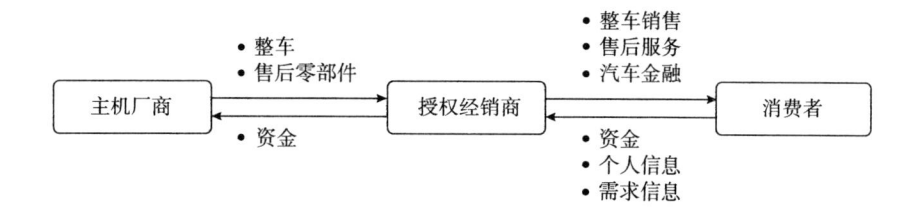

图 1-2 授权销售模式示意图

由此可见，在授权销售模式下，主机厂商和经销商之间相互独立，主机厂商直接将整车及对应的零部件销售给经销商，而经销商则通过自己的线下门店直接向消费者销售。对于主机厂商来说，授权销售模式能够以相对较低的运营成本和库存成本，较快地将其产品分销出去，以便更快地获得回笼资金用于研发、产出扩大和产品质量提升等方面。对于经销商来说，其对于整车零售价格具有自主决定权，从而能够根据市场变化情况灵活调整销售方案以实现自身利润最大化。

2. 代理销售模式

传统主机厂商受限于对授权销售模式的依赖，直接转向直营销售模式存在较大的难度。汽车的代理销售模式代表了一种介于授权销售模式和直营销售模式之间的中间解决方案，已有相当一部分车企开始尝试代理销售模式。代理销售模式的运行逻辑如图1-3所示。

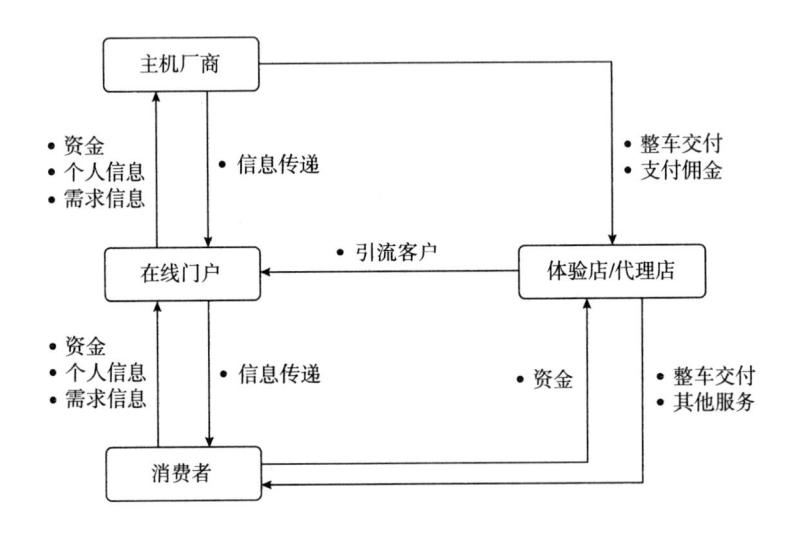

图 1-3　代理销售模式示意图

由此可见，在代理销售模式下，主机厂商通常会委托具有影响力的当地代理商作为代表，通过设立体验店、代理店的形式向终端消费者销售产品；当地代理商作为主机厂商的代理人，并不承担与整车销售有关的运营、库存风险，相关风险均由主机厂商承担，主机厂商对于整车销售价格具有最终决定权。代理商依据主机厂商确定的统一销售价格在代理合同确定的地域内代理主机厂商进行整车销售，主机厂商则根据代理商销售数量及约定的佣金比例向代理商支付佣金。

3. 直营销售模式

直营销售模式是造车新势力广泛选择的汽车销售模式。鉴于造车新势力多处于发展初期，品牌发展预期、可持续时间等因素存在不确定性，直营销售模式能够有效帮助造车新势力开展品牌宣传，提升品牌形象。此外，主机厂商还能够通过直营渠道第一时间掌握客户需求、偏好数据，及时调整产品和服务的质量。直营销售模式的运行逻辑如图1-4所示。

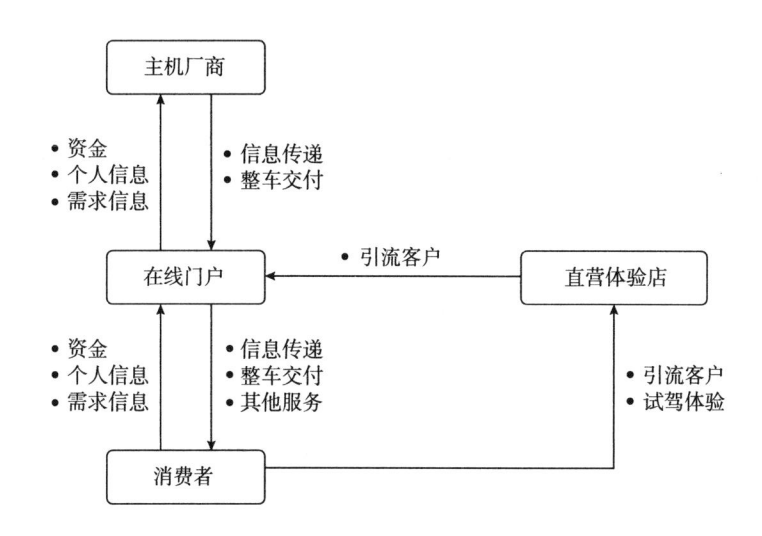

图1-4 直营销售模式示意图

由此可见，直营销售模式属于重资产的销售模式，因为在此销售模式下所有直营门店的选址、建店、装修、后续运营、库存等都由主机厂商自行负责。此外，相比授权销售模式下经销商的价格与服务差异，直营销售模式下，全国范围内所有直营门店的销售价格与服务体系更容易形成统一化的标准。

4. 其他汽车销售模式——汽车超市

汽车超市（Automobile Supermarket），又称汽车商店，是一种同时经营多种汽车品牌，并为顾客提供休息与服务的汽车销售模式。汽车超市起源于欧洲，是高度发达和成熟的汽车产业发展到一定阶段的产物。这种"投资少、运营成本低、品牌集中供消费者选购"的营销模式拥有巨大的发展潜力和空间。此外，它还是集整车销售、维修服务于一体的专业服务店，能为用户提供多品牌、多车型、一站式选择的舒适便利的购车及维修环境。这些都是品牌专营店无法比拟的。

(二) 汽车行业的发展机遇与挑战

随着碳中和成为全球共识,新能源汽车将在全球范围内得到大力发展,与之相应地,全球能源结构、新能源汽车产业结构也将不断优化与调整。具体而言,从产业链、产品、消费者、市场竞争与行业监管五大视角出发,汽车行业呈现了以下发展趋势:①产业链视角:产业链革新带来销售、盈利模式的开拓;②产品视角:新能源汽车车型不断丰富,配套技术不断成熟;③消费者视角:个人消费者将成为新能源汽车车型消费主力;④市场竞争视角:新能源汽车销售量高速增长,新能源渗透率不断提升;⑤行业监管视角:新能源汽车安全监管力度不断加强。鉴于此,汽车行业不仅面临碳中和、绿色环保等时代发展背景下的发展机遇,更面临产业链革新、消费者需求变化、监管日益趋严的严峻挑战。

1. 产业链视角:产业链革新带来销售、盈利模式的开拓

新能源汽车改变了传统汽车的产业链结构,动力电池成为新能源汽车产业链中最为重要的零部件,钴矿、锂矿等上游矿产资源成为动力电池的重要组成部分。相较于传统主机厂商掌握发动机、底盘和变速箱等核心技术,新能源汽车产业链中的主机厂商逐渐与核心零部件的研发分离,主机厂商既可以采购"三电"(电池、电机、电控),也可以与电池厂商以合资方式满足电池供应,此外,部分智能化硬件、辅助驾驶芯片可以与其他企业合作开发,互联网公司的车载操作系统、车联网技术也能帮助主机厂商进一步拓展数字化、智能化的业务空间。在后期服务方面,充电桩、换电站等基础设施建设稳步推进,为新能源汽车后市场提供服务保障。新能源汽车产业链如图1-5所示。

新能源汽车产业链革新推动了汽车销售模式的探索,对于造车新势力而言,直营销售模式能够有效帮助它们开展品牌宣传,提升品牌形象。传统主机厂商则在其新能源汽车车型中对代理销售模式进行了更多的尝试,这一

第一章 汽车业销售模式概述

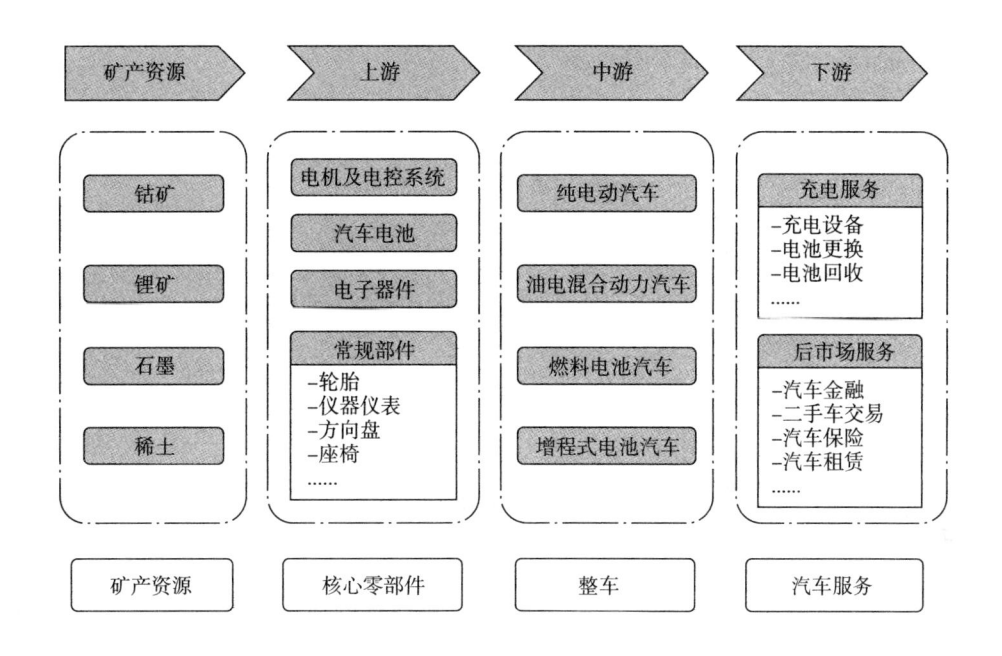

矿产资源	上游	中游	下游
钴矿 锂矿 石墨 稀土	电机及电控系统 汽车电池 电子器件 常规部件 -轮胎 -仪器仪表 -方向盘 -座椅	纯电动汽车 油电混合动力汽车 燃料电池汽车 增程式电池汽车	充电服务 -充电设备 -电池更换 -电池回收 …… 后市场服务 -汽车金融 -二手车交易 -汽车保险 -汽车租赁
矿产资源	核心零部件	整车	汽车服务

图1-5 新能源汽车产业链示意图

方面能够使主机厂商掌握定价的决策权，另一方面能够以其传统经销体系为基础开展代理销售模式，有助于传统主机厂商更好地接触与引流客户。

此外，从商业模式的角度来看，智能驾驶及软件变现模式将进一步开拓汽车销售模式的盈利渠道。汽车软硬件在开发、供应及功能发布上逐渐分开，造车壁垒已经由从前拼合上万个零部件的能力演变成组合运行上亿行代码的能力。行业盈利模式由硬件向持续赋予车型附加值的软件倾斜。目前特斯拉已构筑软件盈利模式，分为FSD付费、软件应用商城及订阅服务三种模式，相应地，造车新势力也推出了相关的软件变现模式。

因此，从产业链的视角来看，新能源汽车的大规模扩张势必会引发整体产业链的重构。对于造车新势力而言，其已开拓出一条适合自身的上下游产业合作模式，并在直营销售模式上取得了一定的成功；但对于传统主机厂商而言，如何利用其燃油时期所积累的技术优势，如何利用其现有的生产研发模式向新能源汽车转型，如何寻求自身新能源汽车车型适合的上下游产业合作与销售模式，亦成为传统主机厂商面临的重大挑战。

2. 产品视角：新能源汽车车型不断丰富，智能化、网联化程度不断提高

从汽车产品视角来看，近年来新能源汽车车型呈现不断丰富的态势，以蔚来、小鹏、理想为代表的造车新势力不断丰富、优化其产品线，以大众、宝马为代表的外资主机厂商及以比亚迪、上汽、长城、广汽为代表的自主品牌主机厂商均加足马力，相继推出新能源旗舰车型。从全球新能源乘用车的销量数据来看，2021年全球新能源乘用车总销售量达到649.54万辆，同比增长108%，为历年最高涨幅。随着细分领域优势车型 Model 3 和 Model Y 的产销量持续突破，2021年特斯拉整体销量突破90万辆，在全球新能源汽车销售市场继续稳居榜首，同时传统主机厂商在新能源乘用车销售方面的实力也不容小觑。具体来看，2021年全球新能源乘用车销量 TOP10 数据如图 1-6 所示。

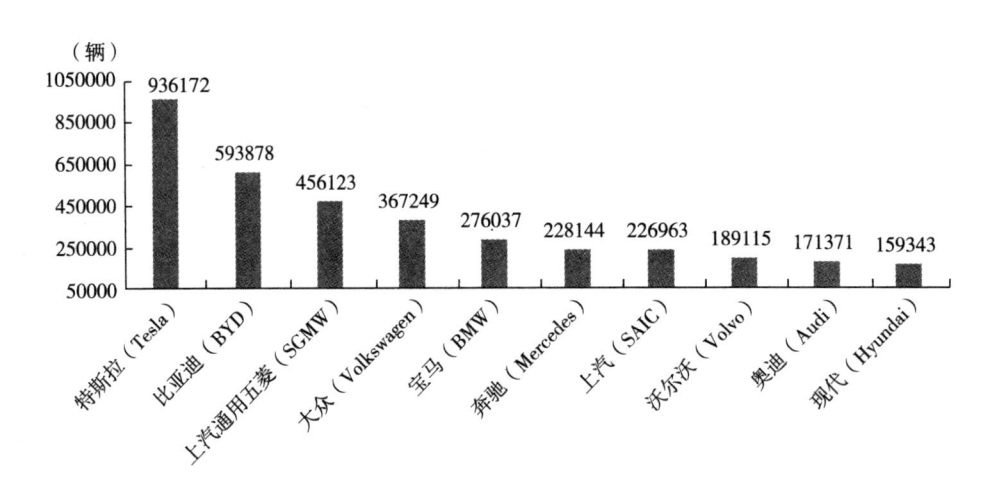

品牌	销量（辆）
特斯拉（Tesla）	936172
比亚迪（BYD）	593878
上汽通用五菱（SGMW）	456123
大众（Volkswagen）	367249
宝马（BMW）	276037
奔驰（Mercedes）	228144
上汽（SAIC）	226963
沃尔沃（Volvo）	189115
奥迪（Audi）	171371
现代（Hyundai）	159343

图 1-6　2021 年全球新能源乘用车销量 TOP10

注：上述车型包含纯电动和插电式混合动力。

资料来源：Cleantechnica。

分品牌/车型来看，特斯拉 Model 3 的销量仍然排名第一，2021 年累计销量超过 50.07 万辆；来自上汽通用的五菱宏光 MINIEV 累计销量超过 42.41 万

辆，位居第二。具体来看，2021年全球新能源乘用车分品牌/车型销量排名TOP10如图1-7所示。

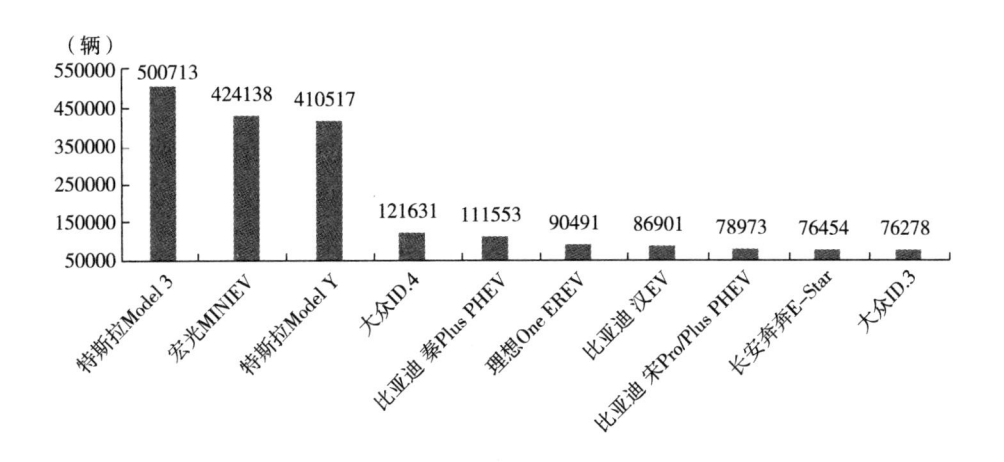

图1-7 2021年全球新能源乘用车分品牌/车型销量排名TOP10

注：上述车型包含纯电动和插电式混合动力。

资料来源：Cleantechnica。

与此同时，新能源汽车的相关技术亦在不断成熟。具体而言，电动汽车的电池、电机和电控，代替传统燃油汽车的内燃机、变速箱等装置，是电动汽车重要的零部件，也是反映电动汽车的性能指标。其中，电池多采用磷酸铁锂电池和三元锂电池；电机技术的关键在定子和转子，承担了与新能源汽车运动相关的功能；电控系统的性能直接决定了电动汽车的爬坡、加速等主要性能指标。参考工业和信息化部于2022年10月10日发布的《免征车辆购置税的新能源汽车车型目录》（第五十九批）可见，2014年至今，国内纯电动乘用车续航里程和电池组能量不断增加，第五十九批纯电动乘用车的平均续航里程已经超过465km、平均动力蓄电池组总能量超过60kWh[1]。从具体数据来看，中国电动汽车平均续航里程和电池组总能量变化趋势如图1-8所示。

---

[1] 工业和信息化部．免征车辆购置税的新能源汽车车型目录（第五十九批）［EB/OL］．https://www.miit.gov.cn．

```
2014年 ----------------------------------→ 2022年
```

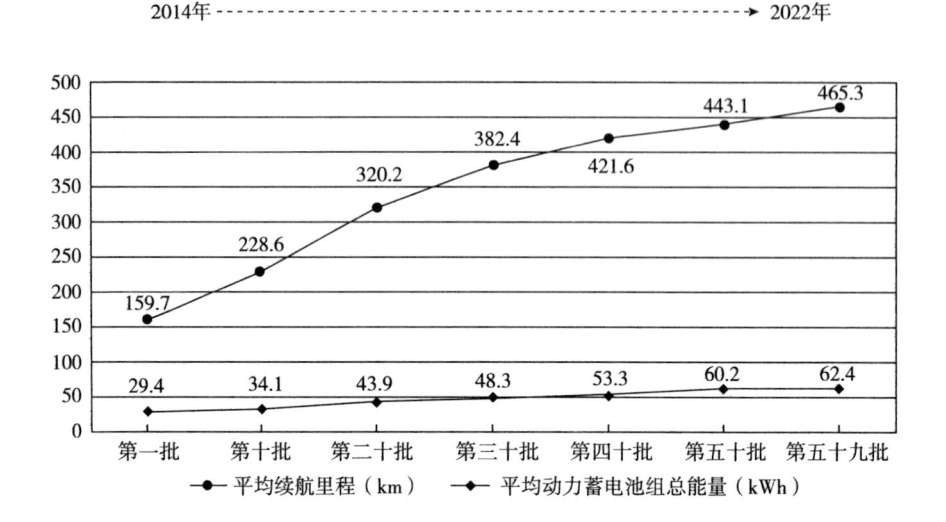

	第一批	第十批	第二十批	第三十批	第四十批	第五十批	第五十九批
平均续航里程（km）	159.7	228.6	320.2	382.4	421.6	443.1	465.3
平均动力蓄电池组总能量（kWh）	29.4	34.1	43.9	48.3	53.3	60.2	62.4

图 1-8　2014~2022 年中国电动汽车平均续航里程和平均动力蓄电池组能量

资料来源：工业和信息化部《免征车辆购置税的新能源汽车车型目录》第一、第十、第二十、第三十、第四十、第五十、第五十九批。

除续航里程等性能指标外，智能化、网联化越发成为新能源汽车与传统燃油汽车之间的核心差异。新能源汽车的智能化主要依赖集环境感知、规划决策、多等级辅助驾驶等功能于一体的综合系统，通过计算机、现代传感、信息融合、通信、人工智能及自动控制等技术的综合运用，实现人机交互、智能安全和自动驾驶等功能。新能源汽车的网联化则是利用互联网技术建立车与人、车与路、车与车、车与外部世界之间的连接，从而实现智能动态信息服务、车辆智能化控制和智能交通管理。

基于提升新能源汽车产业智能化、网联化的相关要求，国务院办公厅印发了《新能源汽车产业发展规划（2021—2035 年）》，提出了"以深化供给侧结构性改革为主线，坚持电动化、网联化、智能化发展方向，深入实施发展新能源汽车国家战略"[①]。首先，多项"十四五"规划将智能网联汽车纳入

---

① 国务院办公厅. 国务院办公厅关于印发新能源汽车产业发展规划（2021—2035 年）的通知 [EB/OL]. http：//www.gov.cn/zhengce/content/2020-11/02/content_5556716.htm.

其中，中长期发展规划进一步增强，例如，2022年国务院印发《"十四五"现代综合交通运输体系发展规划》，要求推广无人车、无人机运输投递，稳妥发展自动驾驶和车路协同等出行服务；交通运输部、科学技术部联合印发的《交通领域科技创新中长期发展规划纲要（2021—2035年）》提出，促进道路自动驾驶技术研发与应用，推动自动驾驶、辅助驾驶在道路货运、城市配送、城市公交的推广应用。其次，多地加快布局智能网联汽车产业，地方立法亦不断实现突破。全国多个城市允许自动驾驶汽车在特定区域、特定时段从事出租汽车、城市公共汽（电）车等商业化运营，应用规模不断扩大；多地出台智能网联汽车的地方法规，如深圳出台《深圳经济特区智能网联汽车管理条例》，对智能网联汽车的道路测试和示范应用、准入和登记、使用管理等进行了全面规定，上海发布《上海市浦东新区促进无驾驶人智能网联汽车创新应用规定》，进一步规范和促进智能网联汽车发展。

因此，从汽车产品视角来看，随着新能源汽车产品的不断丰富与完善，以及新能源汽车智能化与网联化水平不断提高以顺应互联网时代下的用户需求，传统燃油车型将面临更大的市场压力。对于传统主机厂商而言，入场新能源汽车领域，在造车新势力的冲击下发挥其在燃油时代积淀的口碑和优势成为传统主机厂商必须接受的挑战。同时，新能源汽车智能网联化的发展浪潮的重点在于互联网技术在汽车领域的集成与应用，促进主机厂商与互联网企业的融合发展，推动汽车产业的智能化、网联化发展，成为汽车行业变革过程中传统主机厂商与造车新势力均需面临的重大挑战。

3. 消费者视角：个人消费者将成为新能源汽车车型消费主力

从消费者的视角来看，随着新能源汽车车型的不断丰富、续航里程与安全性不断提升，个人消费者将成为新能源汽车车型的消费主力。根据统计，2019年之前，新能源汽车车型受续航里程、电池组能量限制，产品整体竞争力不足，再加上产业发展不确定性因素的影响，消费端的个人用户上牌量处于较低水平。近年来，消费端随着补贴政策催化和品牌认可度提升，个人用户的新能源汽车上牌量逐步提升,2022年中国个人新能源汽车上牌量占比达到77.5%。2016~2022年中国新能源汽车个人上牌量占比情况如图1-9所示。

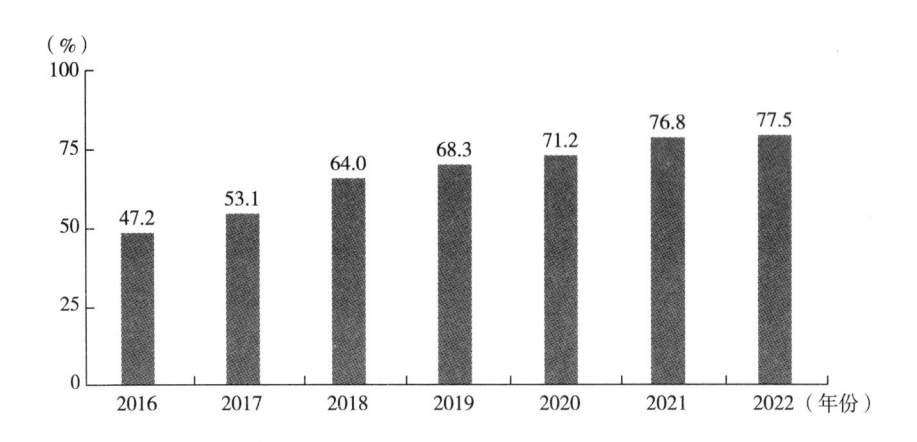

图1-9　2016~2022年中国新能源汽车个人上牌量占比统计

相关第三方咨询机构的市场调查数据[①]显示,中国消费者购买新能源汽车的主要原因在于节省能源,其次是造型好和功能多样。由此可见,随着人们环保意识的增强,节省能源成为中国消费者选购汽车的重要考虑因素,新能源汽车在中国有较高的接受度。与之相对应地,中国消费者对于新能源汽车的不满意因素则主要包括新能源汽车车型的续航能力差、维修保养费用高以及充电桩等配套设施不完善等。

无论是造车新势力还是传统主机厂商均根据消费者需求偏好对其新能源汽车车型做出了调整,具体体现为:①鉴于消费者对于SUV车型的偏好,SUV新能源汽车车型的投放量显著增加;②随着消费者对于插电式混合动力车型的关注度提升,主机厂商亦争相推出相关车型;③由于消费者对新能源汽车车型续航里程、充电效率等方面有较高需求,主流新能源汽车车型的续

---

① 艾媒咨询.2022年中国新能源汽车行业研究及消费者行为调查报告[EB/OL].https://zhuanlan.zhihu.com/p/485872500.

航里程及充电效率亦在不断提升以满足消费者需求；④基于消费者偏好，新能源汽车车型普遍在自动紧急刹车、车辆盲区监测、ACC自适应巡航、驾驶员疲劳预警、前向碰撞预警等安全性功能方面具有较高的智能化配置。

因此，从消费者视角来看，随着消费者环保意识的提升，新能源汽车符合个人消费者未来的消费趋势。并且随着新能源汽车车型在续航里程、充电效率、安全性等方面的不断提升，也将更能满足消费者的购车需求。对于汽车行业而言，消费侧的需求结构变化带来的挑战主要在于，无论是造车新势力还是传统主机厂商，都需要针对目标客户推出相应的具有明确产品定位的优质车型，以应对市场的激烈竞争。

4. **市场竞争视角：新能源汽车销售量高速增长，新能源渗透率不断提升**

从全球竞争的视角来看，新能源汽车仍处于高速增长期，尽管受新冠疫情影响，但全球的新能源汽车销量仍处于上升阶段。聚焦国内市场而言，拉动新能源汽车发展的主要因素是政策的倾斜以及新车型的上市，尤其是很多定位精准的新品车型起到了重大推动作用。从中国新能源汽车的销售数据来看，近年来，中国新能源汽车销量处于高速增长阶段，具体如图1-10所示。

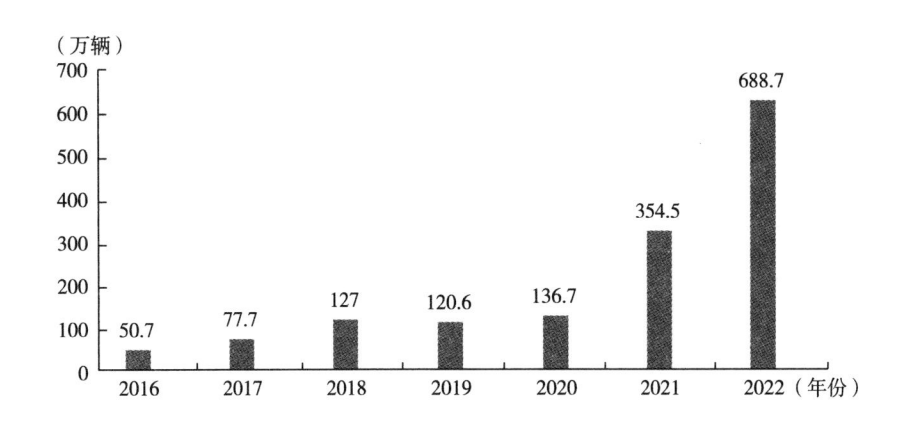

图1-10 2016~2022年中国新能源汽车销量及同比增长

资料来源：中国汽车工业协会。

随着新能源汽车在全球范围内的普及，整体汽车市场的新能源渗透率亦在不断提升。相关统计数据显示，2021年全球新能源汽车共实现注册销量650.14万辆，较2020年增长了108%，渗透率达到10.2%。目前新能源渗透率最高的前三位国家分别是挪威、瑞典和丹麦，其新能源渗透率分别为89.32%、45.79%和36.23%。中国的新能源乘用车销量最高，全球市场占有率高达45.22%，是德国和美国的4倍多，新能源渗透率也超过全球平均水平达到13.77%。德国作为推行电动化最为积极的欧洲国家之一，2021年的新能源渗透率高达26.32%。具体来看，2021年全球新能源渗透率排名前十的国家如表1-1所示。

表1-1 2021年全球新能源渗透率排名前十的国家

排名	国家	新能源乘用车销量（万辆）	新能源渗透率（%）	全球市场占有率（%）
1	挪威	15.75	89.32	2.42
2	瑞典	13.78	45.79	2.12
3	丹麦	6.71	36.23	1.03
4	芬兰	3.03	30.81	0.47
5	德国	69.01	26.32	10.62
6	瑞士	5.51	23.09	0.85
7	奥地利	5.01	20.88	0.77
8	荷兰	9.88	20.62	1.52
9	葡萄牙	2.92	19.93	0.45
10	英国	32.44	19.69	4.99

资料来源：汽车之家统计数据。

此外，中国汽车工程学会发布的《节能与新能源汽车技术路线图2.0》显示，新能源汽车行业的发展方向以纯电动汽车为主，坚持纯电驱动的长期战略，实现传统燃油汽车节能化和节能汽车混动化，最终达到混动后的电驱化与纯电动汽车的有机融合。氢燃料电池汽车以商用车为切入口，或将成为未来新能源汽车的重要组成部分，燃料电池商用车可作为氢能及燃料电池行业的突破口，并把客车和城市物流车作为切入领域①。

因此，从市场竞争的角度来看，对于汽车行业而言，新能源汽车作为碳中和时代背景下的必然选择，将进一步丰富汽车产品种类、改变汽车行业竞争格局。对于造车新势力而言，由于其车型种类通常较为有限，如何应对大量同类产品的竞争成为造车新势力要面临的挑战；对于传统主机厂商而言，如何研发与推广自身新能源汽车车型以应对造车新势力的冲击，不仅是传统主机厂商面临的重大挑战，更是其紧跟时代发展趋势、扩大企业规模的历史机遇。此外，氢能源车也将成为未来汽车行业展开激烈竞争的赛道。

5. 行业监管视角：新能源汽车安全监管力度不断加强

从行业监管视角来看，伴随着新能源渗透率的不断提升，新能源汽车车型的安全性问题也越发得到监管部门与消费者的关注。根据国家市场监督管理总局发布的公告，2021年国内共计实施232次汽车召回，同比增长16.6%，涉及车辆873.6万辆，同比增长28.8%。其中，实施新能源汽车召回59次，涉及车辆83.0万辆，占全年召回总数量的9.5%，新能源汽车的召回次数和召回数量比上年同期增长31.1%和75.9%。此外，国家市场监督管理总局2021年累计收到新能源汽车缺陷线索报告3033例，反映动力电池、电机、电控系统问题的占新能源汽车缺陷线索的52.5%②。

2022年3月29日，工业和信息化部办公厅、公安部办公厅、交通运输部办公厅、应急管理部办公厅、国家市场监督管理总局办公厅五部门联合发布《关于进一步加强新能源汽车企业安全体系建设的指导意见》③（以下简称

---

① 汽车工程学会. 节能与新能源汽车技术路线图2.0 [EB/OL]. http://www.sae-china.org/news/society/202010/3957.html.
② 国家市场监督管理总局. 关于2021年全国汽车和消费品召回情况的通告 [EB/OL]. https://www.samr.gov.cn/zw/zh/202203/t20220311_340340.html.
③ 工业和信息化部办公厅，公安部办公厅，交通运输部办公厅，应急管理部办公厅，国家市场监督管理总局办公厅. 关于进一步加强新能源汽车企业安全体系建设的指导意见 [EB/OL]. http://www.gov.cn/zhengce/zhengceku/2022-04/09/content_5684250.htm.

《指导意见》),《指导意见》指出,"企业要明确新能源汽车安全管理的负责部门,统筹推进本企业安全体系建设。建立健全产品质量安全责任制,严格落实主要负责人、分管负责人和相关业务部门的产品质量安全责任。完善产品研发设计、生产制造、运行监测、售后服务、事故响应处置、网络安全等方面的安全管理制度规范"。此外,《指导意见》还从规范产品安全性设计、强化供应商管理、严格生产质量管控、提高动力电池安全水平等方面对保障产品质量安全提出要求;从开展运行安全状态监测、强化运行数据分析挖掘、建立隐患车辆排查机制等方面对提高监测平台效能提出相应要求。

因此,从监管视角来看,伴随着新能源渗透率的不断提升,针对新能源汽车安全性的强监管也将是未来的监管趋势。无论是对于造车新势力还是对于传统主机厂商而言,减少新能源汽车车型(尤其是动力电池)的质量问题,保障消费者使用安全,不仅是提升其产品市场认可度的重要方式,更是满足相应监管要求的必要举措。如何在不断趋严的监管态势下提升自身新能源汽车车型的产品质量并完善配套服务体系将成为新能源汽车生产企业面临的重大挑战。

图片来源：MIdjourney 制作。

第二章　主要经济体汽车销售模式的现状分析

一、美国

20世纪初，美国汽车制造业呈现百家争鸣的局势，汽车流通领域也是如此，批发和零售形式多种多样。由于批发商和零售商具有较强的融资能力，且能够更好地掌握客户的信息，主机厂商对批发商和零售商的依赖程度较高。20世纪20年代后期，汽车产量迅速提高，市场中供过于求，为了提高销售量，生产厂家纷纷开始在全国建立单一的特许专营经销商网络，增强其对销售环节的控制能力，限制经销商只能在限定地域范围内销售某一厂商的车型，并规定销售政策、下达销售指标。这种模式下经销商的利益受到威胁，因而经销商被迫联合形成全美汽车经销商协会（NADA），从而与汽车制造商形成制约与抗衡。20世纪30年代以后，经销商的经营危机越发严重，为此美国联邦及州政府制定了一系列保护经销商利益的法律，历经长期发展逐渐形成如今的监管架构。

（一）美国现行汽车销售模式

从美国现行的汽车销售模式来看，主要包括以下四种：①排他性特许经销商模式；②非排他性特许经销商模式；③厂家直销模式；④代理销售模式。在排他性特许经销商模式下，经销商只能为某一厂商销售，典型形式有 4S 店、专卖店、连锁超市等。非排他性特许经销商可以同时销售不同品牌的汽车，如兼卖店、汽车大道等[①]。

1. 特许经销商模式概述

美国汽车特许经销商模式在 20 世纪 20 年代后的买方市场中应运而生，为当时主机厂商迅速建立销售网络、树立品牌知名度做出了重要贡献。历经将近一个世纪的发展，在经销商与主机厂商的博弈中，美国在联邦层面和州层面都建立了与特许经销商保护相关的法律，因此，时至今日，特许经销商模式在美国新车销售市场中仍然占据主导地位。

美国的汽车特许经销商模式分为三层：汽车制造商、特许经销商、消费者。制造商通常按地区设立机构负责产销关系，同时设有配件中心、维修中心提供相应服务[②]。特许经销商同样按地区划定销售范围，基于合同的约定为制造商进行汽车销售。具体而言，主机厂商、经销商和消费者之间的关系如图 2-1 所示。

具体来看，美国特许经销商模式主要有三个特点：

第一，经销商层面的行业集中度较低。20 世纪 30 年代，美国约有 5 万家汽车经销商，而到 70 年代汽车经销商数量已经低于 3 万家。NADA 统计数据显示，截至 2021 年底美国授权经销商数量为 16676 家，拥有超过 50 家门店的经销商集团仅占 0.2%；占比最高的经销商是门店数量在 1~5 家的小型经销商，占比达到 93%。[③] 相较于美国汽车制造市场上"三大巨头"的局面，美国汽车销售市场中经销商分布更为分散，因而对于汽车生产厂商的依赖程度更强。

---

① 张怀阁. 美日欧汽车销售模式分析及其借鉴［J］. 汽车与配件，2009（23）：20-22.
② 王红娟，刘宇. 美国对汽车流通领域垄断行为的规制及对我国的启示［J］. 汽车与配件，2013（24）：18-21.
③ National Automobile Dealers Association. Nada Data 2021 Annual Financial Profile of America's Franchised New-car Dealerships［EB/OL］. https：//www.nada.org/media/4695/download？inline.

◇ 汽车销售模式：发展与变革

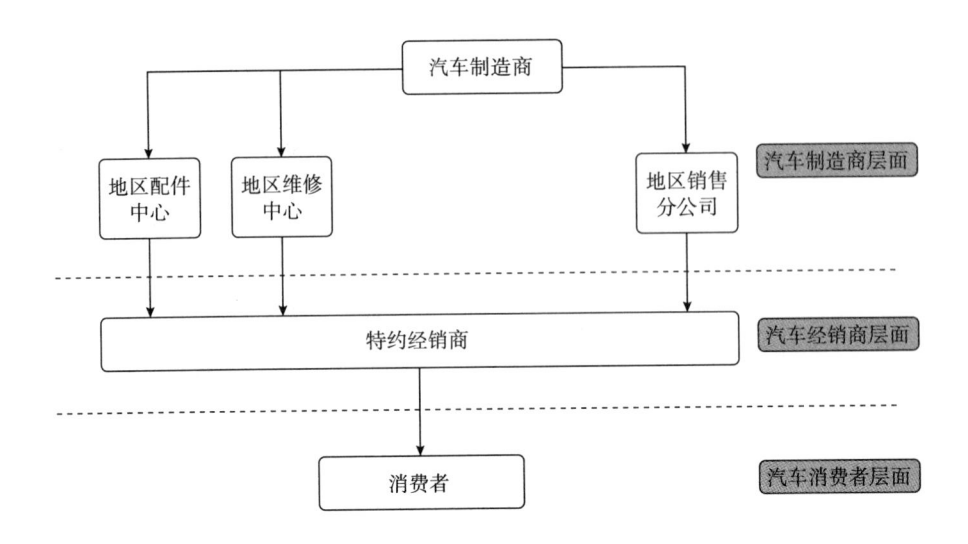

图 2-1 主机厂商、经销商和消费者关系示意图

第二，美国汽车销售市场上"一体化"特点尤为突出。无论是经销商还是其他取得汽车品牌授权的特许经销店，均能够提供汽车销售与售后服务等一体化的服务。

第三，美国汽车经销商资质受各州政府严格控制。在美国，汽车经销商取得特许经销权需要由各州政府批准，各州政府和地方政府对特许经销商的资质条件、资金实力、选址布局等均有明确的规定①。

（1）排他性特许经销商模式。

排他性特许经销商模式也称独家销售协议模式，是指主机厂商通过与汽车经销商签订的特许经营合同来对后者的经营活动进行管理。主机厂商向特许经销商承诺在某地域只向该经销商提供商品，由其在该地域内转售。同时该经销商不得在主机厂商分配给其他排他性特许经销商的专属领域内进行主动销售，也不得再与其他汽车品牌签订该类特许经营合同。一般而言，排他性特许经销合同会明确经销商要达到的目标销量、规定服务标准并设定经销

---

① 中国驻美国大使馆经济商务处. 美国汽车流通行业基本情况之一：流通概况及特点 [EB/OL]. http://us.mofcom.gov.cn/article/ztdy/201405/20140500576294.shtml.

商的投入要素、要求经销商履行专营义务、承诺保障经销商在特定区域内的投资权益，以及约定定期评价与考核、相互检查和监督条款。在这种契约型垂直销售系统中，主机厂商通常是事实上的领导者，原因有三：

第一，汽车制造行业是寡头垄断行业，汽车生产技术复杂、生产工艺繁复，且需要成规模的设备投资，这也为汽车制造行业市场进入增加了难度。相比之下，汽车经销商行业内分布更为分散，难以形成与汽车制造商相抗衡的买方力量。

第二，汽车产品集成了大量知识产权与技术，而作为技术持有方，主机厂商在汽车销售和售后服务过程中提供的技术、信息和专用设备方面的指导对于经销商来说也是至关重要的。

第三，汽车的品牌形象、品牌知名度等对消费者行为影响巨大，汽车厂商持续大额的广告影响也使其成为汽车流通领域最具影响力的一方[①]。因此，美国联邦和州政府层面都采取了立法方式来缓解这种上下游经营者市场地位的失衡。

（2）非排他性特许经销商模式。

非排他性特许经销商也是基于特许经营合同为主机厂商销售产品，但不同于排他性特许经销商需履行专营义务，非排他性特许经销商可以与多个主机厂商签订特许经营合同，同时销售几种不同品牌的汽车产品。与排他性特许经销商模式相比，非排他性特许经销商专业性和利润率更高、销售人员精简但专业素质更高。这种多品牌专卖销售的模式，既可以规避单一品牌销售的风险，又可以达到规模经济以降低销售成本。在美国，汽车专卖店、多品牌专卖销售集团、汽车商店（大型汽车集中销售市场）、汽车大道是常见的非排他性特许经销商经营形式。

2. 厂家直销模式和代理模式

受联邦和州法律限制，主机厂商通常不能直接向消费者销售汽车，也不

---

① 郑红. 汽车销售模式国际比较研究［M］. 天津：南开大学出版社，2013.

能投资建立自己的经销商网络，只能通过独立的第三方经销商及其销售网络来分销汽车产品。然而，新能源汽车发展则打破了这种局面，如图2-2所示。目前，美国约有一半的州允许新能源汽车制造商直接向消费者销售汽车，并且另有部分州可以对新能源汽车制造商适用个案豁免，使其不受保护经销商相关法律禁止直销规定的约束，目前主要获得个案豁免的是特斯拉[①]。

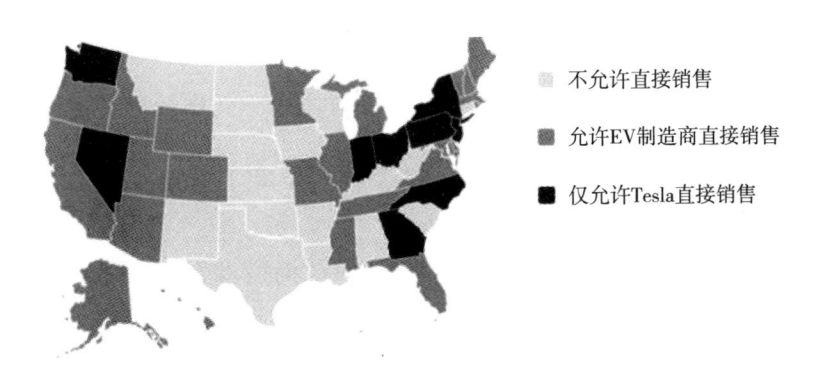

图 2-2　美国各州新能源汽车销售政策分布示意图

资料来源：Atlas Public Policy。

（二）美国现行监管规则

1. 美国汽车销售特许经营监管规则

美国在汽车流通领域对特许经营的监管主要是对汽车制造商与经销商投机行为的回应。一方面，特许经销商一旦在实物资产和品牌声誉方面进行了具体的投资，主机厂商就可能产生投机行为，例如，通过要求低价出售汽车或低价补偿经销商的销售服务来挤压经销商的利润空间。另一方面，主机厂商也会担心经销商"双重边际化"定价和"搭便车"的问题。特许经销商模

---

① Atlas Public Policy. The EV Transition: Key Market and Supply Chain Enablers [EB/OL]. https://atlaspolicy.com/the-ev-transition-key-market-and-supply-chain-enablers/.

式的出现便是为了解决这些激励和套牢的问题①。美国从联邦到州层面的相关立法，便是反映了政策层面对主机厂商和经销商的关系平衡与协调所做出的努力。

（1）美国联邦政府特许经营保护相关法律。

如前所述，早期美国汽车行业中美国主机厂商在规模上拥有优势，汽车特许经销商在市场地位上与主机厂商处于明显的不对等局面。为了解决这种不平衡的现象，1956年，美国国会通过了专门针对汽车行业的《联邦汽车经销商特许经营法》（*Federal Automobile Dealer Franchise Act of 1956*）。该法案规定：

"自1956年8月8日以后，如果制造商在执行特许经营协议过程中，或者在终止、撤销或不予续签相关特许经营合同时未能遵循诚信原则，无论合同标的额为多少，汽车经销商可以向汽车制造商居住地、注册地及其代理商所在地的任何美国联邦地区法院对从事商业活动的汽车制造商提起诉讼，要求制造商赔偿其所遭受的损失和诉讼费用。"②

该法案从联邦法律层面给予广大汽车经销商向主机厂商提起诉讼的基础诉由——主机厂商应遵循诚实守信的基本原则。根据该法案，诚信是指"特许经营合同双方及其所有高管、员工或代理人都有义务以公平公正的方式对待对方，以保证一方不会受到另一方的胁迫、恐吓或威胁。但是推荐、背书、劝导、敦促或争论不应视为违背诚信原则"。美国希望通过给予经销商制约与抗衡主机厂商滥用行为的法律武器，之后，有很多汽车经销商都依据该法案提起了诉讼，并且几乎在每个案子中都大获全胜③。

---

① Lafontaine F, Morton F S. Markets: State Franchise Laws, Dealer Terminations, and the Auto Crisis [J]. Journal of Economic Perspectives, 2010, 24 (3): 233-250.
② Fulda C H. The Automobile Dealer Franchise Act of 1956: A Dissent [J]. The Antitrust Bulletin., 1956, 2: 367.
③ Martin J P. Judicial Treatment of the Automobile Dealer Franchise Act [J]. Mich. L. Rev., 1963 (62): 310.

随着特许经营模式在美国各行业的不断发展，1978 年，美国联邦贸易委员会（FTC）颁布了《联邦贸易委员会特许经营条例》（FTC Franchise Rule），并在 1999 年进行了一次修改。该条例的目的是使潜在的被许可人在投资前即能够获得足够的信息，以便充分地对潜在的风险和利益进行评估，对不同的投资机会进行有价值的比较，并对该特许经营体系进行进一步调查，从而能够更为有效地保护自身利益。《联邦贸易委员会特许经营条例》的施行使特许经营合同中的信息披露制度法定化，并着重于规范销售特许经营权以及商业机会的过程中普遍存在的不公平和欺诈性行为[1]。

（2）美国州政府特许经营保护相关法律。

汽车经销商分布于全美，而主机厂商的数量相对有限，相关的生产地点也集中于有限的几个州。因此，汽车经销行业创造了大量工作岗位，成为各州税收的主要来源。相关州及地区的汽车经销商协会也逐步成为足以影响州立法的游说团体。在美国多层次法律体系下，各州可以在不与联邦法律相违背的前提下建立独立的法律法规。因此，在联邦层面的《联邦汽车经销商特许经营法》颁布之前，就已经约有 20 个州颁布了州层面有利于经销商的汽车经销商特许经营法律法规，以保证新车经销商的利润和存货[2]。绝大多数州立法都明确禁止主机厂商直接向消费者销售汽车，其他州立法也要求选择通过经销商销售汽车的主机厂商不能再从事任何形式的直销活动，以保护经销关系中经销商的投资利益。尽管各州法律在行文上有所差别，但整体原则是保护经销商的权益，以解决大型制造商和中小经销商之间议价能力的失衡问题。主要包括以下四类保护措施：

第一，各州立法主要采取的保护方式是反对制造商"不合理"终止合同的行为和各种形式的"胁迫"（例如，要求经销商接受未订购和不想要的产

---

[1] Disclosure Requirements and Prohibitions Concerning Franchising and Business Opportunities-16CFR Parts 436 and 437 [J]. Federal Trade Commission, 2007 (72)：61.
[2] 苏华. 汽车市场反垄断研究 [M]. 北京：中国政法大学出版社，2017：55.

品）。美国几乎所有州都禁止终止特许经营合同，除非主机厂商具有合理理由。例如，根据缅因州车辆特许经营法，如果经销商未能遵循"特许经营协议的合理和实质性规定"，比如违规、欺诈、未能提供标准服务或存在破产风险，主机厂商需提前180天告知经销商并允许其申诉、整改[①]。当主机厂商因为需要调整销售网络而终止某特许经营合同时，需要支付该经销商预期的未来利润折现值作为赔偿。

第二，各州立法保护不同经销商免受主机厂商的歧视性待遇。许多州的法律规定，禁止主机厂商在现有经销商之间进行价格歧视即禁止主机厂商向某一经销商提供较低的价格，而不向该州或"相关市场区域"的其他所有经销商提供同样的价格。此外，部分州还出台了对主机厂商激励政策的监管规定，例如，佛罗里达州规定，如果主机厂商向其他州的特许经销商提供财政激励，则必须向佛罗里达州的特许经销商提供同样的奖励，除非主机厂商能够证明"本州同类特许经销商在经济或市场营销考量方面有很大不同"[②]。

第三，各州立法普遍在于保护现有经销商的利益并限制经销网点的新增。如果主机厂商要发展一个新的经销商，则要证明在已有经销商的"相关市场区域"建立新的经销关系的必要性，而且这种"相关市场区域"还区别于主机厂商原来划分的地域范围。

第四，大部分州的特许经营法都规定主机厂商在终止特许经销商授权时有义务回购尚未售出的车辆以及零配件、专用设备库存，部分州的法律还要求主机厂商的进一步赔偿责任。例如，弗吉尼亚州的法律规定，主机厂商必须按照相关资产的市场公允价值来补偿经销商。除买回库存和专用设备外，主机厂商还必须支付高达三年的租金费用。在许多法规中，即使是特许经销

[①] Justia US Law. 10 ME Rev Stat § 1174（2010 through 124th Legis）［EB/OL］. https：//law.justia.com/codes/maine/2010/title10/chapter204/section1174/.

[②] Justia US Law. FL Stat § 320.64（2012 through 2nd Reg Sess）［EB/OL］. https：//law.justia.com/codes/florida/2012/titlexxiii/chapter320/section320.64/.

商主动选择终止合作关系，主机厂商也应支付这种补偿①。

(3) 美国特许经营法对直销和代理模式的态度。

尽管近些年来新能源汽车的产量和消费量都在不断增加，但严格的法律限制使特许经销商模式并没有经历很大的变革。疫情的冲击和互联网技术的发展使得消费者通过在线销售渠道选购商品的愿望更加强烈，但目前美国一些所谓直接面向消费者的线上选购在实际交付层面还是发生在特许经销商和消费者之间。在美国，目前大约只有一半的州允许主机厂商在网上直接向消费者出售汽车，有16个州是明确禁止汽车直销模式的②。目前，新能源汽车生产厂商和消费者层面有很多声音呼吁严格限制直销模式的法律变革。

2. 美国汽车销售反托拉斯监管规则

美国反托拉斯法律体系由《谢尔曼法》（*Sherman Act*）、《克莱顿法》（*Clayton Act*）、《联邦贸易委员会法》（*Federal Trade Commission Act*）及相关判例法构成。汽车流通领域的反垄断问题主要集中在主机厂商和经销商之间的纵向限制条款，这种控制经销商对于某一种品牌的产品的销售在美国反垄断法中通常被称为"品牌内部限制"，主要分为纵向价格限制和纵向非价格限制。对于此类纵向限制条款，美国联邦和州法院在实践中确立了"本身违法原则"和"合理分析原则"。所谓本身违法原则，是指某些协议一经证实就视为违法并被禁止，而无须综合考虑它们对市场影响的大小，通常适用于固定价格、限定产量、串通招投标和划分市场等核心卡特尔行为。合理分析原则是指对市场上除核心卡特尔之外的垄断协议并不必然视为违法，其违法性需要依照具体情况经过复杂的法律与经济学分析而定。当它们虽然具有限制竞争的后果或目的，但同时还有推动竞争的作用，或者能显著改善经济效

---

① Lafontaine F, Morton F S. Markets: State Franchise Laws, Dealer Terminations, and the Auto Crisis [J]. Journal of Economic Perspectives, 2010, 24 (3): 233-250.

② 这些州包括：阿拉巴马州、阿肯色州、康涅狄格州、爱荷华州、堪萨斯州、肯塔基州、路易斯安那州、蒙大拿州、内布拉斯加州、新墨西哥州、俄克拉荷马州、南卡罗来纳州、南达科他州、得克萨斯州、西弗吉尼亚州和威斯康星州。

益，从而更好地满足消费者的需求时，则可被视为合法。

排他性特许经销商模式下，这种独家销售协议不仅涉及主机厂商对特许经销商进行的"品牌内部限制"，而且涉及"品牌间限制"。根据美国反托拉斯法，通常这种独家销售协议很少会引起竞争问题，除非品牌间市场上出现了一定程度的市场力量失衡。也就是说，如果在某一地区存在激烈的品牌竞争，那么排他性特许经销商模式通常不会产生反竞争的效果，因为各品牌都可以通过排他性特许经销来展开竞争。相反，如果某汽车品牌在某地区具有较大的市场力量，并且只通过排他性特许经销商模式来销售汽车，那么当其他汽车品牌自行建立经销商关系是无效率时，其他汽车品牌则会被排除在相关市场之外。

因此，美国特许经营法虽然允许特许经销商在一定地域范围内创设垄断地位，为特许经销商面临市场地位强大的主机厂商提供了各方面的保护，但并不排除反垄断法的适用。根据美国联邦特许经营法，"该法的任何条款都不得废除或修改任何反托拉斯法"[1]。可以看出，在希望确保特许经销商从不公平的特许经营关系中得到救济的同时，立法者也警惕地防止特许经销商利用特许经营法中给予的便利来避免激烈的竞争[2]。

（三）对美国现行模式的归纳与总结

美国汽车销售模式由特许经销商模式主导，且该模式受到联邦层面和州层面法律的严格保护。目前只有少数州允许电动汽车生产厂商进行直销或通过代理模式销售。美国主要通过特许经营法和反垄断法来共同对汽车分销进行监管，一方面，特许经营法旨在解决分散的经销商被主机厂商所要求的投资"套牢"的问题，通过允许纵向地域限制、禁止其他不公平行为来保护特

---

[1] Fulda C H. The Automobile Dealer Franchise Act of 1956: A Dissent [J]. The Antitrust Bulletin, 1956 (2): 367.

[2] McHugh D P. The Automobile Dealer Franchise Act of 1956 [J]. The Antitrust Bulletin, 1956 (2): 353.

许经销商的利益,协调主机厂商与经销商之间的关系,促进汽车销售网络的发展。另一方面,反垄断监管旨在更广泛地保护汽车行业各个相关市场上的竞争秩序,促进市场的整体效率与公平。

从两者之间的关系上来说,特许经营法发挥了部分反垄断法的功能,允许主机厂商通过一定的纵向限制以较高的效率发展其汽车销售网络,同时限制了处于强势地位的主机厂商可能对经销商的不公平行为,以解决经销商的套牢问题。但是,正如联邦特许经营法自身所明确的,"该法的任何条款都不得废除或修改任何反托拉斯法"。在法律适用方面,任何特许经营关系都必须受到反垄断法的规制。也就是说,特许经营合同下的某一项行为,即使完全合乎特许经营法的规定,但如果违反了《反垄断法》的规则,也须予以禁止,这是由两者不同的立法目的决定的。保护竞争是美国反垄断法至高无上的宗旨,而特许经营法起到的作用可能只是补充反垄断法。

当然,特许经营法由于旨在保护特许经销商的利益,忽略了经销商势力的增长可能为汽车销售行业的竞争和效率带来消极影响。从目前美国特许经营法的相关规定来看,有些做法可能对于市场效率的影响是负面的。比如说,严格限制终止或转移特许经营权的规定使主机厂商不能根据市场需求变化来自由调整相适应的经销商网络;禁止"数量强制"使特许经销商有机会基于在某一地域内的垄断地位进行"双重边际化"定价,从而使消费者面临的价格更高,而主机厂商能销售出去的车辆更少;禁止"价格歧视"条款实际上可能限制了汽车经销商规模经济的发展;维修服务费的支付可能增加主机厂商的经营成本,以及反向激励汽车经销商提高维修服务价格;财政激励限制使"因地制宜"的服务质量提升变得很困难,实际上创造了"搭便车"的机会。2008年金融危机之后,特别是由于美国三大汽车制造商的破产重组,美国出现了要求改革汽车经销商特许经营法,平衡汽车供应商和经销商关系,保护自由市场竞争的强大呼声。美国联邦委员会前委员托马斯·利里(Thomas Leary)也曾指出:"美国汽车经销商特许经营法所反映的问题位于反托拉斯法与其他监管制度的边界,值得关注。政府制定的限制竞争的法律享有反垄断豁免,而对竞争最有效和持久的限制往往正是各级政府设置的。"[1] 随着新能源汽车在美国的流行和消费者需求的增加,特许经营模式在美国或正面临更大的挑战。

二、欧盟与英国

欧洲汽车产业在全球处于领先地位,欧洲各国不仅是汽车生产的主力,同时也是汽车消费大国,欧洲汽车市场上可以看到全球各种大小汽车品牌活跃的身影。总体来说,欧盟汽车销售模式以生产厂家为中心,处于汽车分销环节的分销商、代理商、零售商以合作或产权为纽带紧密联系在一起,把"为生产厂家服务"当作经营活动的宗旨,形成了分工严密的多层级分销体系。欧盟汽车销售行为主要受合同法和竞争法相关规定的约束,欧盟各成员国在竞争法的一般原则方面的观点大体一致,但是在竞争法司法实践方面的步调以及合同法的具体规定方面有所差异。

(一)北欧国家现行汽车销售模式及监管规则

近年来,北欧五国(挪威、瑞典、丹麦、芬兰、冰岛)新能源汽车发展异常迅猛,在销量、渗透率及保有量方面稳步提升,整体新能源渗透率远超其他国家和地区。其中,挪威更是一举成为世界上电动汽车普及率最高的国家,自2020年挪威电动汽车渗透率超过50%后,挪威电动汽车占比持续提升,根据挪威道路交通信息委员会(OFV)发布的数据,2022年挪威经销商共计销售174329辆汽车,其中纯电动汽车占比达到79.3%,同比增加14.8%[2]。

---

[1] 苏华. 汽车市场反垄断研究[M]. 北京:中国政法大学出版社,2017:56-57.
[2] OFV. Bilsalget I Desember 2017[EB/OL]. https://ofv.no/bilsalget/bilsalget-i-desember.

◇ 汽车销售模式：发展与变革

这一发展得益于北欧国家在新能源汽车政策方面的大力支持，以及得天独厚的地理和自然资源优势、国民收入水平和环保意识。在政策方面，北欧国家主要通过补贴或税收优惠来扶持新能源汽车，挪威从1991年开始便通过税收政策和其他优惠来扶持新能源汽车，芬兰和冰岛更是"双管齐下"，既发放补贴，也给予一定税收优惠来鼓励新能源汽车的使用①。根据欧盟相关政策，欧盟将从2035年开始禁售燃油车，北欧国家在这一方面的相应政策均制定了超前目标。挪威计划从2025年开始禁售燃油车，其他四个国家计划在2030年开始禁售燃油车，且丹麦计划在2030年实现至少有100万台电动车和混合动力汽车上路。政策的支持加上消费者旺盛的需求和完善的配套基础设施建设，北欧成为世界上最有前景的新能源汽车市场之一。其中，挪威更是居首位，因此，以下将以挪威为典型代表，对北欧国家的汽车销售模式和监管规则加以梳理和分析。

1. 以挪威为代表的北欧国家现行汽车销售模式

（1）传统授权经销商模式。

相较于西欧几个汽车大国和东欧一些具有汽车工业发展优势的国家，北欧五国在汽车工业市场上没有很突出的表现，汽车消费市场也主要来源于外国进口，因此，与欧洲其他国家一样，其传统销售模式仍然是以汽车制造商为主导地位的授权经销模式，从授权经销商处购买新车，并在前几年倾向于通过特许经销商进行汽车保养，之后再转向价格更低的独立汽车维修商店。

大众集团在挪威汽车销售市场上占据最大的市场份额，其在斯堪的纳维亚半岛国家（挪威和瑞典）的销售量中已有80%是电动汽车，其主要销售方式是通过私人经销商和挪威最大的汽车进口商 Møller 集团向终端用户进行销售②。由此看来，尽管挪威的电动汽车渗透率已经达到80%以上，但大多数

---

① Norsk Elbilforening. Norwegian EV Policy［EB/OL］. https：//elbil.no/english/norwegian-ev-policy/.
② Simon J. Norway Distributors Feeling the EV Pinch［EB/OL］. https：//www.lubesngreases.com/lubereport-emea/5_37/norway-distributors-feeling-the-ev-pinch/.

汽车主机厂商采取的还是授权经销的模式，比如根据丰田汽车官方信息，其在挪威采取的还是授权经销商模式①；比亚迪也采用和挪威当地经销商 RSA 合作的方式来销售新车和提供售后服务②。小鹏汽车则通过与欧洲头部经销商集团——荷兰 Emil Frey NV 集团以及瑞典 Bilia 集团达成战略合作协议，旨在推动小鹏汽车作为优势车型快速导入当地，支持欧洲加速推进节能减排、电动化进程，加快在欧洲市场的布局。2022 年 2 月 11 日，小鹏汽车在欧洲的首个直营体验店在瑞典斯德哥尔摩市正式开业。小鹏汽车作为中国汽车品牌率先在欧洲市场导入"直营+授权"的新零售模式，也是中国品牌在海外市场上的一次商业模式的创新③。

（2）直销模式。

北欧作为新能源汽车市场发展空间很大的地区，是新能源汽车销售模式转变的最佳试验田。以特斯拉和蔚来为代表的采用汽车直销模式向消费者提供汽车的主机厂商都将挪威作为其开展业务的首选之地。特斯拉目前在全球各地都有直营商店和线下体验店，并支持消费者直接通过其官网购买。2021 年 5 月，蔚来宣布在挪威建立直营的销售与服务网络，包括由车、换电、服务、数字化和生活方式构成的完整运营体系。

2. 以挪威为代表的北欧国家的汽车销售监管规则

如前所述，目前众多主机厂商主要通过与当地经销商建立合作关系，通过授权经销模式来进行新车出售和售后服务，因此受挪威合同法的相关约束。另外，所谓"代理销售"也涉及主机厂商和经销商之间的纵向关系，对市场竞争产生的影响也受到《欧盟竞争法》和《挪威竞争法》（The Norwegian Competition Act）的关注。作为欧盟成员国之一，挪威主要在欧盟法框架下建

---

① Find A Dealer. Toyota Dealer in Norway ［EB/OL］. https：//www.toyota.com/dealers/maine/norway/dealers/.

② David L. BYD Partners with Distributor in Norway ［EB/OL］. https：//www.just-auto.com/news/byd-partners-with-distributor-in-norway/.

③ 小鹏汽车. 小鹏汽车开启中国品牌出海 2.0 模式：携手欧洲头部经销商集团 Emil Frey NV、Bilia 落地"直营+授权"新零售模式［EB/OL］. https：//www.xiaopeng.com/news/company_news/4131.html.

立相关监管规则,其国内法并无对特许经营、独家分销等特殊分销形式的具体规则,在一般合同法和竞争法之外,也并没有不公平合同条款或禁止滥用经济依赖的相关规则。

(1)挪威《合同法》和《代理法》相关规则。

在挪威,代理协议受1992年挪威《代理法》的规制,分销协议并不受制于专门法的规制,但要遵从合同法的一般性基本规定。其中,挪威《代理法》的规定基本遵循了欧盟《关于协调成员国间有关独立商事代理人法律的指令》的监管框架。根据挪威《合同法》和《代理法》,有几项具体规则与汽车销售关系中主机厂商与经销商之间的利益分配密切相关。

首先,在分销合同订立前的阶段,尽管没有法律规定当事人的强制性信息披露义务,但根据挪威《合同法》中普遍适用的忠诚原则,当事人应当具有一定的义务披露某些信息。在汽车销售场景下,由于经销商需进行一定的投入,主机厂商在汽车产品信息、预期回报方面的信息披露可能是必要的。

其次,对于分销合同的终止及赔偿,挪威合同法中并没有规定最短通知期限和法定赔偿权。根据其判例法,如果双方未就终止通知期限达成一致,而协议随后被终止,则必须在终止生效前向另一方发出"合理通知"。对于合同终止后经销商是否具有要求赔偿的权利,挪威《代理法》第28条可以进行类推适用。根据该条规定,如果商业代理人为委托人带来了新客户或显著增加了现有客户和委托人的业务量,则其有权要求继续从此类客户的业务中获得可观利益的相关赔偿。但是,挪威最高法院在2014年通过的Webasto案确定,只有在不赔偿会导致结果"非常不合理"的例外情况下,《代理法》第28条才能类推适用于分销协议①。也就是说,分销合同适用于合同终止后的赔偿标准相较于代理协议来说更加严格。

此外,在分销合同终止后,根据挪威《合同法》的规定,供应商没有义

---

① Law & Q&A. Q&A on Agency Agreements[EB/OL].https://distributionlawcenter.com/documentation/law-qa/qa/norway-q-a-on-distribution-agreements/.

务回购分销商仍然拥有的库存,也没有其他后合同义务[①]。从该规定与其他欧洲国家的情况来看,挪威合同法整体上对经销商的保护并不充分,这可能导致汽车主机厂商在汽车供应链中的优势地位。

(2)《欧盟竞争法》与《挪威竞争法》相关规则。

如前所述,这种可能产生优势差异的供应链还受到相关竞争法规的监管。类似地,挪威国内竞争法监管规则与欧盟竞争法规则趋同。《挪威竞争法》第10条和第11条分别适用于分销协议中纵向限制和滥用支配地位行为。其关于核心限制、纵向协议豁免的规定也与欧盟《纵向协议集体豁免条例》一致,没有设置其他特殊规则。

在竞争执法方面,挪威竞争管理局(Norwegian Competition Authority)对汽车市场,尤其是新能源汽车销售和售后服务市场表现出了一定关注。2022年初,挪威竞争管理局对挪威市场上五家最大的电动汽车快速和超快速充电服务商 Mer、Recharge、Tesla、Eviny、Circle K 提出了严格的合并交易披露要求,即上述五家服务商对于其达到营业额门槛的所有发生控制权转移的并购以及公司收购其他公司的非控制性少数股权的交易,均需要向管理局披露。此前,挪威竞争管理局对汽车燃料零售行业的服务商也提出了类似的要求[②]。

(二)德国现行汽车销售模式及监管规则

作为现代汽车的发源地,德国的汽车生产技术、汽车产业专业化经过了一百多年的发展,已经处于世界领先水平。奥迪、宝马、戴姆勒、保时捷和大众等汽车主机厂商以及博世、大陆和采埃孚等全球最大和领先的汽车供应商的总部均位于德国,福特、现代等外国汽车公司在德国设立了欧洲总部。

---

① Law & Q&A. Distribution Agreements [EB/OL]. https://distributionlawcenter.com/documentation/law-qa/qa/norway-q-a-on-distribution-agreements/.

② Konkurranse Tilsynet. Disclosure Requirements for Companies Operating in the Electric Car Charging Market [EB/OL]. https://konkurransetilsynet.no/disclosure-requirements-for-companies-operating-in-the-electric-car-charging-market/?lang=en.

◇ 汽车销售模式：发展与变革

因此，从国内生产总值和就业的角度来看，汽车产业对于德国经济至关重要。传统上，德国以授权经销为主要模式，随着全球汽车工业的发展与变化，直销模式、代理模式以及授权和代理双轨模式也有一定的发展。

1. 德国现行汽车销售模式

（1）传统授权经销商模式。

德国授权经销商模式与其汽车工业发展一样，已有数百年的历史。二战后德国进入经济复苏阶段，汽车消费需求和销售渠道的需求不断增加，德国经销商数量也经历了快速的增长。直至20世纪90年代中期，德国汽车市场开始呈现饱和态势，经销商数量开始减少。截至2021年12月底，德国共有汽车经销服务企业36570家，其中品牌经销商14460家，独立经销商企业22110家[①]。

和美国类似，德国汽车授权经销模式的发展壮大除了源于汽车工业在国民经济中的支柱地位，还得益于相关法律的庇护。1985~2013年，欧盟颁布并持续修订了针对汽车行业的专属豁免条例，对欧洲汽车经销商协议的具体细节形成约束。尽管该条例在2013年已经被正式废除，但是已经形成的授权经销商体系基本固定。因此，在德国，大多数新车只能通过授权经销商销售。在这种独家授权经销商模式下，以单品牌汽车经销商为主，规模大小不一。与此同时，同一厂商多品牌同店销售也成为重要的发展模式。

德国授权经销商模式下，各个环节的主体分工严密，分销商主要负责从主机厂商进货，且只负责汽车的中转和运输业务，而零售业务则交由经销商来负责，因此，按照区域大小和职责分工不同形成了一级网点、二级网点的体系。同时，主机厂商只投资建立地区机构和集运中心以实现区域化管理，而不会向经销商直接投资。如此一来，主机厂商能够以较少的投入实现销售网络的构建。主机厂商与经销商之间的关系通过合同来调整，合同内容包括

---

① Deutsches Kraftfahrzeuggewerbe. Zahlen & Fakten [EB/OL]. https：//www.kfzgewerbe.de/verband/zahlen-fakten.

主机厂商与经销商的权利和义务、经销商各项活动标准和行为规范以及建筑标准和统一标识等。

（2）直销和代理模式。

当前，各行各业都在经历的数字化转型，也为德国汽车行业带来了很大的冲击，过去德国最常见的从主机厂商到经销商，再到消费者的传统分销模式，在面对汽车所有权模式偏好的变化、自动驾驶的发展以及欧盟环境政策目标的转向时，似乎已经成为一种相当过时的，甚至是老套的模式。由于汽车主机厂商持续的整合、新的销售渠道出现和移动设备的普及，德国汽车制造商更多地开始尝试通过线上销售来直接进行面向消费者的零售，越来越多的消费者直接从主机厂商那里购买车辆，传统汽车经销商面临挑战。

（3）授权和代理双轨销售模式。

在尝试直销和代理模式的过程中，一种"非真正的"代理商模式出现，并成为当前德国汽车销售行业实践的一部分。德国汽车经销商与维修协会（ZDK）早在2014年德国联邦机动车国家会议就提出了"佣金代理制"的汽车销售模式。德国大众汽车是德国汽车市场上最早明确宣布实施代理商模式的品牌之一，其在推出ID.3车型的同时就与所有授权经销商就代理商协议进行谈判，2020年5月得到了德国授权经销商同意，签署了ID系列车型的代理商协议。与此同时，德国大众汽车的其他车型对于同一零售商来说还是适用授权经销商的模式。这种混合/双轨销售模式，被欧盟委员会称为"非真正的"代理商模式。目前，除特斯拉以外，德国汽车市场中存在大量汽车品牌采用混合销售或双轨销售模式，同时具有自己的直销业务部门和授权经销网络，汽车品牌根据城市、人口、地域、市场规模等因素布局直销网点。

在目前汽车制造商和经销商均认为传统汽车销售体系亟待变革的背景下，这种双轨销售模式或许对于双方来说都是不错的实践，然而，由于混合模式下主机厂商和经销商的独立性边界难以分辨，相关反垄断风险可能更高。

2. 德国汽车销售监管规则

如前所述，德国汽车供应链基于合同关系紧密联系在一起，因而适用德国《民法典》与《商法典》中关于合同和分销的一些规定。而供应链中相关上中下游市场竞争也与这些合同的设置和实施紧密相关，因而引发了德国《反限制竞争法》的关注。

（1）德国有关合同和分销的法律规则。

汽车销售行业中的分销关系可能适用德国《民法典》与《商法典》中关于合同和分销的某些特殊规则和原则。这些规则主要基于判例法发展而来，因此包含了在法院进行利益衡量与判决的过程中对汽车行业的传统分销结构和其他特点的特殊考量。其中最重要的适用于汽车行业的特殊规则如下：

第一，主机厂商计划终止经销关系之前，必须提前一定时间通知经销商。这种强制性提前通知时间通常为6~12个月，其长短取决于个案中的情况，主要考虑因素包括经销商对拟终止业务的经济依赖程度、经销协议的期限、经销关系排他性的程度、经销商的投资程度、经销商是否存在不竞争义务等，甚至有法院确定了长达两年的最短通知期。

第二，经销商通常可以在经销关系终止时要求"追随者损失"的赔偿。该赔偿金额的准确计算相当复杂，原则上，赔偿金额等于主机厂商在终止后继续从经销商开展的业务中所获利益的价值，以及经销商的未来潜在收入。该赔偿金额最高可达以经销商过去五年相关产品的年均净利润率计算的未来利润金额。

第三，根据原《德国一般交易条款规制法》（AGB-Recht），即现行德国《民法典》第305-310条，如果标准合同条款在个案中未经主机厂商和经销商双方协商，且被认为对另一方造成了不合理的不利影响，则该标准合同条款是不可执行的。有关合理性的判断，德国判例法对不同类型的合同条款确立了不同的标准，通常对于免责条款和保证条款，这种合理性的要求会更加严格[①]。

（2）欧盟竞争法与德国《反限制竞争法》相关规则。

第一，欧盟竞争法监管规则。欧盟自1985年开始就通过第123/85号、

---

① Hogan L. Automotive in Germany [EB/OL]. https://www.lexology.com/library/detail.aspx?g=198c4ddd-9d1a-41ac-afec-6ae506003f5d.

第 1475/95 号《关于汽车行业特定类型分销和服务协议集体豁免条例》加强对新车销售和售后市场领域竞争行为的规范，并在过去的十几年对该条例进行了几番修订。2002 年，为了制止汽车制造商的垄断行为，加强汽车销售市场的竞争，欧盟发布了第 1400/2002 号《关于汽车业纵向协议和协同行为集体豁免条例》①，通过规定一些适用豁免的条件来维持主机厂商和经销商之间关系的平衡，主要目的在于削减汽车制造厂商的强势地位，给予经销商更多的自由。例如，在该条例出台以前，经销商必须得到主机厂商的许可才可以进行多品牌销售。而该条例允许经销商在确保每个品牌都有独立的、符合厂商标准的展厅位置的情况下，最多销售三个品牌，并且汽车制造厂商规定的展厅标准不得阻碍经销商销售其他品牌。此外，该条例还规定，个案豁免适用的条件包括经销商可以向同品牌的授权经销商自由转让特许经营权而无须向厂商申请、主机厂商有义务以书面通知方式说明终止经销关系的原因，以防主机厂商因该协议被豁免适用欧盟竞争法就随意签署或终止经销关系。

然而，在 2010 年，欧盟委员会认为欧洲汽车销售市场各品牌间的竞争足够激烈，无须对这种经销关系继续实施专门的豁免条例，因此决定不延长该条例的有效期，同时呼吁各成员国通过国家立法的方式对有关法律漏洞进行补充。在此之后，德国也推出了对于经销关系终止的补偿条款。然而，欧盟委员会认为汽车维修及配件供应市场上仍存在许多限制、扭曲竞争的行为，因此在 2010 年颁布了仅适用于汽车售后服务的第 461/2010 号《关于汽车业纵向协议和协同行为集体豁免条例》②。而对于新车销售，在 2013 年原 1400/2002 号条例到期后，则和其他行业一样普遍适用第 330/2010 号《关于纵向协议和协同行为的集体豁免条例》（以下简称《纵向协议集体豁免条例》）③。

---

① Commission Regulation (EC) No 1400/2002 [EB/OL]. https://www.legislation.gov.uk/eur/2002/1400/contents.
② Legislation.gov.uk. Commission Regulation (EU) No 461/2010 [EB/OL]. https://www.legislation.gov.uk/eur/2010/461/article/5.
③ Legislation.gov.uk. Commission Regulation (EU) No 330/2010 [EB/OL]. https://www.legislation.gov.uk/eur/2010/330.

与上述条例一起，欧盟委员会还颁布了相关的《纵向限制指南》[①] 和《汽车业纵向限制补充指南》[②] 来为条例的实施提供相关指引。

2022年5月，基于商业环境的发展与变化，欧盟委员会在对2010年版本的文件进行全面评估和审查后，通过了新的《纵向协议集体豁免条例》[③] 和配套的《纵向限制指南》。修订后的条例和指南已于2022年6月1日开始生效。主要修改内容如下：①缩小双重分销行为的安全港适用范围；②缩小最惠国条款[④]的安全港适用范围；③扩大选择性经销和独家经销行为安全港适用范围；④扩大在线销售限制的安全港适用范围；⑤扩大代理商概念。

欧盟委员会于2022年7月公布了《汽车业纵向协议集体豁免条例》和《汽车业纵向限制补充指南》最新草案，并向公众公开征求意见。对于汽车销售行业适用的相关规则，新《纵向协议集体豁免条例》和《纵向限制指南》主要是在双重分销（Dual Distribution）和主动销售（Active Sales）两个方面做出了调整。双重分销，即在汽车销售行业中体现为代理、授权经销的双轨销售模式，在新条例下被明确：在不涉及核心限制且经销商并不与制造商在上游市场竞争的情况下，双重分销模式应当被豁免，因此该模式下的纵向限制对下游经销市场的消极影响不如其对上下游市场的整体潜在积极影响重要。但是，双重分销中的信息交换行为应当引起执法机构的重点关注。对于主动销售，欧盟委员会认为对其进行限制涉及对买方积极接触个人客户的

---

① European Commission. Guidelines on Vertical Restraints [J]. Official Journal of the European Union, 2010, 100 (130): 1-46.

② Publication Detail. Review of Commission Notice—Supplementary Guidelines on Vertical Restraints in Agreements for the Sale and Repair of Motor Vehicles and for the Distribution of Spare Parts for Motor Vehicles [EB/OL]. https://op.europa.eu/en/publication-detail/-/publication/e0880e00-fd01-11ec-b94a-01aa75ed71a1/language-nl/format-XHTML.

③ Commission Regulation (EU) 2022/720 of 10 May 2022 on the Application of Article 101 (3) of the Treaty on the Functioning of the European Union to Categories of Vertical Agreements and Concerted Practices (Text with EEA Relevance) (Vertical Block Exemption Regulation-VBER) [EB/OL]. https://service.betterregulation.com/document/580122.

④ 最惠国条款指卖方对买方提供的交易条件（包括价格条件，以及库存、商品/服务可用性等非价格条件）不得低于卖方在任何其他销售渠道所提供的交易条件。

能力限制，因此除了在前述例外情形下，通常构成核心限制，不能适用集体豁免。而新条例发现了这一规则可能导致汽车制造商无法根据业务需要设计其分销体系的局限性，从而放宽主动销售限制适用集体豁免的范围。具体来说，相较于原来只有在不对二级经销商进行限制的情况下，限制经销商对制造商为自身或为单个经销商保留的特定地域或客户群进行主动销售才能获得豁免，新条例不仅规定对二级经销商进行主动销售的限制可以获得豁免，而且允许制造商为某一排他性销售地域或客户群指定最多5个经销商。

第二，德国国内竞争监管。在欧盟多层级法律体系下，德国联邦卡特尔局（Federal Cartel Office，FCO）同时适用欧盟竞争法与国内竞争法对汽车销售行业的垄断行为进行规制。该局曾对汽车行业进行了多项反垄断调查。在汽车分销领域，联邦卡特尔局曾于2015年对福特、欧宝、标致雪铁龙三家汽车制造商限制其授权经销商与消费者代理机构合作的行为发起调查。调查发现，三家涉案企业颁布的"互联网标准"限制授权经销商与新车销售门户网站合作，违反该标准将遭受销售奖励和支持的大幅削减。门户网站作为消费者的购买代理人，通过收取佣金的方式获得中介服务的收入。联邦卡特尔局认为新车销售门户网站的加入能够促进汽车经销商之间的竞争，而"互联网标准"减少了经销商和门户网站之间的合作，降低了市场透明度和消费者的潜在选择。后涉案企业承诺进行整改，联邦卡特尔局遂决定终止该案的调查。

与德国联邦卡特尔局积极的执法活动一样，德国反垄断诉讼也十分活跃。依据欧盟委员会和联邦卡特尔局作出的决定，德国出现了几起后续损害赔偿诉讼。2016年，德国政府通过修订《反限制竞争法》和实施欧盟第2014/104号《损害赔偿指令》，进一步鼓励反垄断私人诉讼。

（三）法国现行汽车销售模式及监管规则

作为当今欧洲第三大汽车生产国，法国汽车工业历史上同样也是在二战后迎来了蓬勃发展，但在20世纪80年代石油危机爆发、国内经济下行、日

◇ 汽车销售模式：发展与变革

本汽车品牌打入欧洲市场的冲击下逐渐走向衰落。此后以雷诺为代表的法国汽车制造商通过各项改革措施，将法国汽车工业带入了一个新的发展阶段。近十几年以来，尽管法国汽车生产量下降了约40%，但其生产总量在世界和欧洲市场上仍然占据很大比重。

1. 法国现行汽车销售模式

在法国，授权经销商模式仍然是汽车分销最常见且最重要的模式，截至2019年，法国在全国范围内有6000多家轻型轿车汽车经销商①。品牌4S专卖店是法国最基本的汽车销售模式，单个专卖店规模较大，品牌标志统一，特色明显。法国汽车大道的销售模式颇具特色。汽车大道是汽车营销渠道经历过成熟的单个品牌专卖店阶段之后更先进的一种经营形式，比如法国西北部里尔市的汽车大道，就是在大城市郊外的快速路两侧林立着数十家品牌专卖店。

与欧盟整体情况趋同，法国特许经销商倾向于为同一厂商的多品牌进行同店销售，分销商、经销商之间分工严密，经销商通常具有强力宣传生产品牌的功能，在售后服务的提供方面也与主机厂商有着紧密的合作。然而，由于数字化和新能源汽车的地位不断提高，法国汽车市场和世界上许多其他国家的市场一样，正在经历一场重大变革。2021年，法国新车销售市场电动汽车和混合动力汽车销量增加，而燃油汽车的份额下降至61.3%②。特斯拉等造车新势力将其销售战线转移至线上，许多历史悠久的传统制造商也在追随这一趋势。例如，标志雪铁龙于2017年夏天在法国推出了其电商网站，这种新的分销模式也为这些传统主机厂商带来了一些竞争优势，比如可以将汽车销售、配置、融资和物流等过程电子化。

新模式的出现也为经销商带来了更多的担忧，尽管目前主机厂商通过线上进行销售仍然需要经销商在中间环节提供大量支持，但是随着时间的推移，

---

① CCFA. The French Automotive Industry（Analysis & Statistics 2019）［EB/OL］. https：//ccfa.fr/wp-content/uploads/2019/09/ccfa-2019-en-web-v2.pdf.
② Car Sales Statistics. 2021（Full Year）France：New Car Market Overview and Analysis［EB/OL］. https：//www.best-selling-cars.com/france/2021-full-year-france-new-car-market-overview-and-analysis/.

主机厂商自身销售网络逐渐成熟、销售经验不断积累，经销商所能提供的额外价值可能越来越少。此外，和德国一样，法国特许经销商的收入来源主要在售后服务市场，而电动汽车的零部件较少、维修频率较低、维修所产生的收入有限，这意味着经销商的部分主要收入来源会缩减。在这种情况下，法国的一些经销商也已经开始进行主动的数字化转型[1]。

2. 法国汽车销售监管规则

（1）法国合同法下的一般监管规则。

尽管特许经营在法国已经发展得十分成熟，但法国并没有专门的特许经营立法。法国立法者认为，特许经营立法可能会"削弱（特许经营的）动态和不断发展的特征"。因此，在法国汽车销售须遵守欧盟和法国与分销相关的一般法律规则，以下列举了涉及主机厂商与经销商之间关系协调的重点规则。

根据《法国商法典》第 L330-3 条，主机厂商在授权特许经营之前具有提供相关信息的先合同义务。该条款要求一方在向另一方提供商号、商标或商业标志，以换取另一方的排他性或准排他性承诺时，应至少在正式实施合同前 20 天向另一方提供准确无误的信息，使其能够在知情的情况下作出相关承诺。根据相关判例法，如果因为信息的缺乏使得特许经销商未获得预期的营业收入，法院可能会判定特许经营协议无效。此时，有提供信息义务的一方还可能因适用"过错推定"原则而需向被授权方支付赔偿。

根据欧盟立法，若一个人可以代表其委托人进行谈判，并以其委托人的名义签订协议，则可被视为代理商。代理商在代理协议期满或终止时，有权获得终止补偿。但是授权经销商从特许人处购买产品并在其自己的商店或网点以其自身的名义转售，不具备代理商资格，因而不能适用这种补偿条款。不同于德国对提前终止特许经营协议的行为有补偿条款，在法国，基于合同法的一般原则，只要终止方合理地进行了通知且没有滥用这种终止的行为，

---

[1] Deloitte. New Trends in the Sales Model of the Automobile Industry: A Global Overview [EB/OL]. https://www2.deloitte.com/content/dam/Deloitte/global/Documents/Legal/dttl-legal-automotive-article.pdf.

任何一方都可以随时终止无限期协议。尽管特许经销商在特许经营协议到期或终止时对授权方的经济依赖程度是各方争论的焦点,但特许经销商在上述条件下无权就业务损失获得任何补偿或赔偿。因此,在过去十几年中,法国经销商和代理商对主机厂商在经营层面的依赖程度日益增加。

(2)欧盟及法国竞争法监管规则。

与德国一样,法国汽车分销行为也受欧盟竞争法的约束,同时适用国内更具体的相关竞争法规则。法国竞争管理局和国内法院一贯适用《纵向协议集体豁免条例》及其指南的相关规则,即将固定价格和限制被动销售等行为视为本身违法,但对于不竞争条款则是根据相关经济部门情况和被授权人独立于特许人发展业务的能力进行个案评估,对于排他性销售限制则通常不会有争议,因为这常常被视为维护特许经营关系和声誉所必须的。

法国最近通过的《马克龙法》(Macron Law)对特许经营协议中不竞争条款进行了规定。对于协议中约定的到期后不竞争条款,在不满足《纵向协议集体豁免条例》规定的适用豁免条件时,法国法院会根据法国法的一般原则来判断不竞争条款的有效性,即该条款必须被限制在一定时间和地理范围内,并且必须是为了保护特许人的相关利益以及与这些利益具有相称性[1]。

(四)意大利现行汽车销售模式及监管规则

意大利也是欧洲和世界上最早开始生产汽车的国家之一。其汽车产业价值链也十分成熟,主机厂商数量众多,同时在汽车设计领域以及零部件配套领域都有世界一流企业和供应商,汽车工业在意大利经济中持续发挥非常重要的作用。如今,意大利最重要的主机厂商是菲亚特集团,以2021年为例,其在

---

[1] Graeme Payne. The Franchise Law Review: United Kingdom [EB/OL]. https://thelawreviews.co.uk/title/the-franchise-law-review/united-kingdom#:~:text=There%20are%20no%20specific%20franchise, and%20the%20franchise%20agreement%20itself.

意大利市场的占有率达到15.3%①，菲亚特多采用的销售模式也与欧洲其他国家一样，主要为授权经销商模式。随着汽车销量的下降，意大利汽车经销商的数量也在减少，截至2021年底，意大利的汽车经销商数量约为97674家，其中罗马、米兰和那不勒斯是意大利汽车经销商数量排名前三的城市②。

1. 意大利现行汽车销售模式

一般来说，意大利的汽车销售主要通过汽车主机厂商和经销商约定的选择性分销模式来进行。经销商通常专门销售某一品牌或属于同一主机厂商的多个品牌的汽车。经销商的业务规模主要取决于其所受许可的地理区域。在意大利中北部地区的主要城市，经销商通常为拥有多个网点、结构化且收入稳定的大公司。而在意大利南部和经济萧条的小城镇，经销商往往是小型家族企业。

近些年来，意大利领先的汽车主机厂商开发了新的销售模式，即主机厂商自行建立大型经销商，用来推广和销售多个汽车品牌。这样一来，消费者可以在同一大型场所看到不同汽车类型并获得销售、维护、维修、售后协助等不同服务。继意大利本土品牌后，许多德国和法国主机厂商也在意大利采用了相同的销售模式，在意大利主要城市创办了自有汽车经销商。

此外，意大利最高行政法院（Consiglio di Stato）也在之前的一项裁决中支持通过电子商务渠道进行汽车销售。尽管由于实践上的困难和汽车购买文化仍然与传统销售模式挂钩，线上汽车销售在意大利还没有流行起来，但这种销售模式在未来将得到进一步发展③。

2. 意大利汽车销售监管规则

（1）意大利合同法下的一般监管规则。

意大利没有关于经销协议的国家立法，因此，汽车分销行为同样适用于

---

① Marklines. Italy-Automotive Sales Volume 2021 [EB/OL]. https://www.marklines.com/en/statistics/flash_sales/automotive-sales-in-italy-by-month-2021.
② BoldData. List of Car dealers in Italy [EB/OL]. https://bolddata.nl/en/companies/italy/car-dealers/.
③ Hogan L. Automotive in Italy [EB/OL]. https://www.lexology.com/library/detail.aspx? g = f3524948-8d61-4f00-b6ad-6fa1b6987684.

一般销售合同、供应协议和特许经营协议的合同法规则。关于经销协议的终止，意大利法律并没有规定特殊的补偿条款，对提前发出有效的终止通知也没有提出具体的时间要求。只要提前通知时间是充分且合理的，制造商可以终止经销协议而无须支付额外的补偿。其中，提前发出终止通知时间的充分性和合理性的衡量内容包括：终止经销协议的原因，例如，在经销商违反协议中规定的义务的情况下，制造商终止经销协议的行为可能是合理的；双方之间的合同关系，如协议的期限、排他性安排、经销商数量、制造商对经销商的投资程度、经销商对制造商的经济依赖程度等；经销商对制造商的商业策略或承诺的依赖，例如，如果制造商错误的商业策略或承诺导致经销商在基础设施和技术、销售场所、聘请人员等方面的投资失利，那么终止经销协议提前通知时间的充分性和合理性要求可能更加严格。

（2）欧盟和意大利竞争法监管规则。

作为欧盟成员国，意大利汽车销售行为同样适用于欧盟竞争法规则。如前所述，意大利汽车行业最典型的销售模式是选择性分销，在欧盟竞争法语境下，选择性分销体系即依据特定标准选择经销商，并承诺仅对被选择的经销商进行供应，而经销商也承诺在选择性分销体系实施区域内不会将商品或服务出售给未经授权的经销商。其中，特定标准可以基于商品或服务的质量制定，也可以基于商品或服务的供应量或购买量制定。在纯粹的基于质量标准的选择性分销体系中，经销商的选择依据的是销售人员的技能、销售设施的设置、销售技巧和销售服务类型等商品或服务的性质方面的客观标准。这一类经销协议在相关标准是合法的、一致的、非歧视的、合理的、客观的情况下通常不会被认为具有反竞争效果。相反，基于最大供应量或最低销售量等数量标准的分销协议则更可能被视为具有竞争限制性。但不论是基于质量标准还是数量标准的选择性分销体系，相关纵向协议同样适用欧盟竞争法关于核心限制、30%的市场份额门槛、不超过五年的不竞争义务期限等纵向限制的一般规则。

在执法层面，意大利竞争管理局（AGCM）近年来对汽车零部件领域有所关注，审查了一系列涉及汽车零部件行业的并购案件。此外，意大利竞争管理局还对汽车制造商及其合作银行在汽车销售融资中的卡特尔行为进行了调查，但未有涉及汽车制造商和经销商纵向关系方面的实践。但汽车制造商与经销商之间的紧张关系在司法实践上已有所体现，从竞争法层面来看，意大利对经销商并没有给予特殊的保护，这一点可以从意大利最高法院（Corte Suprema di Cassazione）在 Ballan Automobili 诉大众汽车意大利公司一案中的判决看出来。法院裁定，汽车制造商在该案中所实施的重组其意大利分销网络的计划是合法的商业策略，没有限制品牌内竞争。

本案中，原告 Ballan Automobili 是奥迪汽车在翁布里亚地区的授权经销商。因大众集团决定重组奥迪在意大利的经销网络，减少汽车经销商数量，2007 年，这家被通知终止经销协议的经销商遂将大众汽车诉至佩鲁贾上诉法院（Corte d'appello di Perugia），称其重组经销网络的计划违反了欧盟和意大利的竞争法，要求其赔偿因终止该协议而遭受的损失。原告还主张大众集团新签订的经销协议限制了品牌内竞争，并滥用市场支配地位，强制经销商签订新的分销协议。

然而，上诉法院驳回了原告的所有主张，认为大众集团在意大利相关市场不具有市场支配地位，其重组计划是法律上可接受的商业策略。对此，原告向意大利最高法院提出上诉。最高法院基于四项理由维持了原裁定：第一，法院指出，根据大众集团的陈述，其重组的目的在于将奥迪品牌重新定位至高端汽车市场，且重组计划对于实施这一商业策略是必要的。该策略属于公司拥有自主决定权的商业决策，法院无权审查。第二，法院强调，不能将竞争法解读为授予经销商永久参与经销网络的权利，即该权利高于汽车制造商调整经销网络的合法利益。第三，法院认为大众集团的行为不会对竞争产生负面影响。新分销协议并未对经销商施加排他性义务，经销商可以自由购买和销售奥迪汽车，也可以销售其他品牌的汽车。因此，新的经销网络并不会损害消费者的福利。第四，法院认定大众集团不具有市场支配地位，且其重组计划尽管会损害一些经销商的利益，但并没有限制竞争对手参与市场竞争的自由，因此属于合法的商业策略，不构成滥用市场支配地位。

因此，意大利最高法院的观点可概括如下：在相关决策不具有歧视意图的情况下，主机厂商有权重组其分销网络，其中涉及将某些经销商从分销网络中移除并不当然意味着汽车制造商会违反竞争法。正如法院所述，"竞争法的目标是维护市场竞争并最大限度地提高消费者福利，而不是保护对供应商的新商业政策感到不满的公司"①。

（五）奥地利现行汽车销售模式及监管规则

汽车制造业是奥地利重要的支柱产业，奥地利也凭借在汽车零部件制造方面的优势成为整个欧洲汽车产业背后的驱动力来源。奥迪、通用汽车和捷豹等汽车厂商均选择在奥地利生产。奥地利共有700多家和汽车有关的企业，这些企业创造了30多万个工作岗位，解决了整个国家1/9人口的就业问题。除了传统汽车整车和零部件制造，奥地利汽车产业还着眼于新能源汽车的研制开发。

1. 奥地利现行汽车销售模式

与其周围的国家类似，奥地利汽车销售的主要渠道也是通过经销商进行的，经销商通常设立单品牌或多品牌专卖店，并提供相关售后服务。目前，奥地利约有8675家汽车经销商，且经销网络较为集中，拥有最多汽车经销商的前三个城市（圣珀尔滕、林茨和格拉茨）占据了整个经销网络62%的市场份额②。仅从经销商数量来看，奥地利汽车销售网点多，市场活跃度较高。然

---

① Concurrences. The Italian Supreme Court Rules that the Reorganization of the Italian Distribution Network of a Car Manufacturer Does not Breach Competition Law [EB/OL]．https：//www.concurrences.com/en/bulletin/news-issues/october-2016/the-italian-supreme-court-rules-that-the-reorganization-of-the-italian.

② BoldData. List of Car dealers AustriaList of Car dealers Austria [EB/OL]．https：//bolddata.nl/en/companies/austria/car-dealers/.

而，受新冠疫情影响，全球汽车供应链出现芯片短缺等危机，欧洲的汽车经销商也开始出现不同程度的交货困难。在这样的背景下，消费者购买新车的等待时间非常长，传统授权经销模式受到冲击。

随着奥地利对新能源汽车研发制造的投入加大，电动汽车在奥地利也变得更加流行，消费者购买电动汽车的意愿愈加强烈，2021年，奥地利最畅销的汽车型号即为特斯拉旗下的一款电动汽车，电动汽车的新车注册量占据新车总注册量的13.9%，居欧盟第三位[1]。传统汽车销售模式的缺点加上这种消费偏好的转变，主机厂商开始探索直销和代理模式在奥地利的可行性。梅赛德斯奔驰于2021年将其在德国实践了多年的代理商模式拓展到奥地利。戴姆勒也于2020年宣称奥地利将是试验汽车销售代理模式的欧洲市场之一。

2. 奥地利汽车销售监管规则

（1）奥地利合同法下的一般监管规则。

基于代理协议建立的汽车经销关系受《奥地利商业代理法案》（Austrian Commercial Agents Act）的约束。根据该法的规定，终止代理协议必须遵守最短通知期限的要求：签署代理协议的第一年终止代理协议需提前一个月通知，第二年需提前两个月通知，以此类推，在第六年及以后的期间内终止代理协议需提前六个月通知对方。该项规定为强制性规定，通知期限不能通过当事人双方约定缩短，但是在被代理人的通知期限要求不短于代理人通知期限要求的情况下可以延长。

在《奥地利商业代理法案》下，代理人在以下情况下可以就代理协议的终止向被代理人提出合理的赔偿要求：代理人为被代理人带来了新客户或者显著增加了其现有业务量，且被代理人在合同关系终止后可以因此获得可观的利益。而相关赔偿的合理性则取决于其与代理人在争取相关客户的过程中所付出成本的相称性，通常来说，该赔偿金额相当于代理人因合同关系终止

---

[1] 中国驻奥地利大使馆经济商务处. 奥地利人倾向于购买新能源汽车［EB/OL］. http://at.mofcom.gov.cn/article/jmxw/202204/20220403302129.shtml.

所造成的收入损失。该损失基于"预测期"和代理人历史收入计算。预测期通常为2~3年,取决于相关商品的生命周期,历史收入则是由合同终止生效日期前12个月代理人的收入确定的,但该赔偿金额不得超过代理人前五年的年平均报酬。在代理人违约、代理人主动终止代理协议而非基于被代理人过错或代理人自身年龄和身体健康等方面原因、经被代理人同意代理人将其在代理协议下的权利和义务转让给他人等情况下,被代理人无须对代理协议的终止进行赔偿。

对于经销协议,奥地利并没有专门立法。根据合同法相关规定和判例法,经销协议分为固定期限协议和无限期的协议,固定期限的经销合同一般不可以随意终止,只有在具有正当理由的情况下才可以提前终止;无限期的经销协议只能在合理且及时的通知期限内向对方进行通知后终止。通知期限合理且及时的判定则取决于个案的情况。而根据《奥地利商法典》第454条,制造商若终止经销协议,必须对经销商为履行经销合同所进行的未摊销投资进行补偿。也就是说,经销商可以要求制造商赔偿其为了建立标准化的经销体系而进行的投资,只要这些投资未被摊销且无法被经销商充分利用。在这种情况下,经销商通常会受到纵向限制。另外,当制造商与经销商之间的合同关系更像《奥地利商业代理法案》中的代理关系时,也可以类推适用代理协议相关规则,即经销商有权基于制造商优势和自身的潜在收入损失要求赔偿。[①] 在奥地利,经销商可以向同一网络中的其他经销商转让与销售合同相关的权利和义务。

(2) 欧盟和奥地利竞争法相关监管规则。

与其他欧盟成员国一样,奥地利对汽车销售行为的竞争法监管框架也主要是依赖于欧盟层面的一般竞争规则。在此框架下,奥地利法院最近在一家经销商诉法国标致一案中处理了汽车制造商与经销商之间的关系。

---

① CMS. Distribution Law in Austria [EB/OL]. https://cms.law/en/int/expert-guides/cms-expert-guide-to-distribution/austria.

第二章
主要经济体汽车销售模式的现状分析

Peugeot Büchl 是法国标致在奥地利的一家经销商，向维也纳反垄断法院（Vienna Cartel Court）起诉法国标致滥用了其对相关业务的控制力而使经销商处于经济劣势①。该法院于 2020 年 5 月 12 日判决认定标致对经销商实施了滥用市场支配地位行为。该案中，标致强迫经销商参与促销活动，并将经销商报酬与年度销售目标、销售绩效等挂钩，而销售目标难以达成变相导致了经销商利润降低；此外，标致还要求经销商为厂房建设投入大量成本等其他条件。法院认为，经销商的收入水平很大程度上取决于能否销售标致汽车，因此，经销商对制造商存在经济依赖，标致与经销商之间的关系属于不对等、不透明的合同结构。标致对经销商的上述要求仅体现标致单方面的利益，构成了对这种经济依赖关系的滥用。法院判定，禁止标致实施该等不合理的报酬体系，要求标致进行修改。

2021 年 3 月 22 日，奥地利最高反垄断法院（Supreme Cartel Court）维持了维也纳反垄断法院的裁决，并禁止标致实施下列行为：禁止将经销商的奖金支付与客户满意度调查挂钩；禁止标致在经销商没有达到销售目标或者以折扣价与标致自身或垂直一体化销售网点在终端客户市场展开竞争的情况下降低经销商利润；禁止标致对经销商的保修工作规定无法覆盖经销商成本的小时费率；禁止标致将其新车和车间业务的不明确的采购和审计成本转嫁给经销商。最高反垄断法院强调，其决定适用于所有存在类似经济依赖关系的合同关系，标致必须在 3 个月的期限内对其经销商报酬制度进行调整。最高反垄断法院还明确指出了欧洲竞争法的平行适用性，并阐明了法国标致奥地利进口商的市场支配地位认定，以及根据《欧盟运行条约》第 102 条对合同关系中滥用性条款的处理。此外，如何补偿多年来受法国标致滥用市场支配地位行为影响并遭受报酬损失的众多标致经销商还有待进一步讨论。

欧洲汽车经销商协会（CECRA）和其奥地利联邦商会（WKÖ）对奥地

---

① John M. Austrian Court Favors Dealers Cartel Court Finds in Favor of Dealer for Economic Abuse of Dominant Position by Peugeot [EB/OL]. https：//premium.goauto.com.au/austrian-court-favours-dealers/.

— 51 —

利最高反垄断法院的这一决定表示支持，并认为这是他们十年来为争取奥地利和欧洲汽车市场制造商与经销商关系更加公平而进行的斗争中的一个突破。鉴于目前汽车流通领域所面临的激进变化和挑战，该判决为汽车行业的新型合作关系提供了有益的启示与指引①。

（六）英国现行汽车销售模式及监管规则

英国是工业革命的起源地，是世界上的工业强国，其汽车产业更是积累了雄厚的技术实力，英国的汽车品牌众多，历史上曾出现过的汽车品牌至少有300个以上。二战后，英国汽车产业迎来了高速发展时期，在20世纪50年代成为欧洲首个汽车产量破百万的国家，然而在70~80年代，一系列的政策措施让英国汽车产业停滞不前，德系、日系汽车品牌逐渐占领英国市场。因此，目前英国汽车销售渠道还是传统的区域分销、零售端授权经销的模式。

1. 英国现行汽车销售模式

英国一直以来采用的是相对保守的分销模式，即汽车品牌按照一套严格的标准选择分销商，分销商将自己的区域划分为若干小区域，在这些小区域内，分销商再选择经销商负责该区域具体的零售业务。由于区域分销贸易企业相对比较稳定，汽车厂商相对较多，因此渠道利润也比较丰厚，很多分销商逐渐成长为世界级品牌经销商集团。该模式下，汽车生产厂商和分销商受益较大。具体来说，主机厂商可以迅速收回生产成本，获得再次开发和扩大生产的资金。而分销商基于对销售渠道较大的控制权，可以及时根据市场情况进行有针对性、地域性的促销，从而拉动汽车的销售和自身利润的增长。但是密集的网点带来了汽车销售市场上激烈的竞争，终端经销商的利润空间日益压缩。因而近年来，英国汽车市场上的主机厂商也都倾向于通过精简其

---

① Lube. Austrian Supreme Court Rules That Peugeot Austria Has Abused Market Power against Independent Dealers [EB/OL] . https://www.lube-media.com/industry-news/austrian-supreme-court-rules-peugeot-austria-abused-market-power-independent-dealers/.

销售网络来为顾客提供更好的服务①。

然而，此类销售模式在如今汽车行业数字化的趋势下对于主机厂商和消费者而言都成了一定的桎梏。对消费者来说，传统模式下，买车可能是一个缓慢而分散的过程，并且可能涉及很多繁杂的手续。对主机厂商来说，当前汽车流通价值链中分销商、终端零售商等相关利益方的存在侵蚀了其部分利润。因此，在英国脱欧、新冠疫情流行、电动汽车、数字经济等多种因素的影响下，旨在提高消费者整体购车体验的"全渠道销售"模式成为汽车主机厂商和其合作伙伴探索的新方向。其中，向代理销售模式的转变可以看作是实现"全渠道销售"模式的过程中，协调主机厂商和经销商之间合作关系的重要步骤。为了使"全渠道销售"模式发挥作用，主机厂商需要对线上和线下平台相关技术进行大量投资，而现有经销商集团的规模和覆盖面可以助力相关投资快速转化为可用的资产，因此，英国汽车市场上的主机厂商也都在与经销商积极展开合作，以便为消费者创造无缝零售体验。

2. 英国汽车销售监管规则

（1）英国合同法下的一般监管规则。

英国也没有针对特许经营专门进行立法，汽车销售行为适用于合同法的一般原则。英国合同法下没有强制性信息披露的签合同义务，也没有适用于特许经营的一般诚信义务。但是，加入英国特许经营协会（British Franchise Association）的成员需要遵守其道德准则（BFA Code of Ethics），而该准则通常包含信息披露义务、诚信义务等。

英国特许经营协会成立于1977年，是一个自愿加入的行业、自我管理的组织，旨在"促进英国有道德的特许经营实践并帮助该行业建立信誉、影响力和有利的增长环境"。该协会制定的BFA道德准则不具有法律约束力，但对于其成员具有事实上的约束力。该道德准则为特许经营关系中公平性和争

---

① CarDealer. Nissan to Cut Dealers as Part of New 'Reshaping Plans' [EB/OL]. https://cardealermagazine.co.uk/publish/nissan-to-cut-dealers-as-part-of-new-reshaping-plans/267715.

议解决等问题相关的良好行业实践提供了基准，包括特许人向潜在特许经营者以书面形式披露信息的义务，特许人在执行特许经营协议过程中的诚信义务，特许人在因特许经营者违反合同约定义务而终止合同时，必须明确终止合同的理由，向特许经营者通知违约内容并给予合理的时间来允许经营者纠正相关行为。

英国普通法上通常没有给予被特许方特殊保护的法律规则。比如对于先合同义务，英国法院通常认为适用"买方自负"的原则。对于特许经营关系中的诚信义务，传统英国法认为，诚信条款通常不具有约束力或者无法强制执行，特许人和被特许人之间也不存在隐含的诚信义务。然而，这一点在最近英国判例法的发展中有所改变，特许经营协议有可能被认为是要求广泛的合作、高度的沟通、相互信任的长期协议，因而隐含了一般的诚信义务。在这一方面，英国法可能正向欧洲其他国家的相关法律规则趋同。

此外，英国特许经营关系还受到 1996 年《交易机制法》(Trading Schemes Act)的规制。该法旨在规范英国的"传销"行为，某些不当的特许经营安排，特别是涉及多层的特许经营安排结构可能会受到该法的约束[①]。

(2) 英国竞争法监管规则。

英国在脱欧前与其他欧盟成员国一样，同时适用欧盟与国内的竞争法。对于汽车销售行业，在欧盟层面适用较多的是第 330/2010 号《纵向协议集体豁免条例》和第 461/2010 号《汽车业纵向协议集体豁免条例》，在国内适用的是《1998 竞争法》(The Competition Act 1998) 和《2002 企业法》(Enterprise Act 2002)。脱欧后，英国通过将欧盟竞争法转化为国内法的方式保留了大多数相关条例。伴随着欧盟层面对《纵向集体豁免条例》和《汽车业纵向集体豁免条例》的修订，英国也正在推进相关修订工作。经过英国市场和竞争管理局（CMA）与英国商业、能源和产业战略部（BEIS）的两轮公开咨询

---

① Raphaël M. The Franchise Law Review: France, The Law Reviews [EB/OL]. https://thelawreviews.co.uk/title/the-franchise-law-review/france#footnote-003.

与最终版本的发布，英国层面的《纵向协议集体豁免指令》和《纵向协议集体豁免指令指引》也正式生效实施。2022 年 7 月 21 日，英国 CMA 将经历第一轮公开咨询后的《汽车业纵向协议集体豁免指令》最终建议稿正式提交给英国商业、能源和产业战略部进行审核。

英国新《纵向协议集体豁免指令》的改变大部分与欧盟相应条例的修订一致，同时在某些规则上略有不同。与汽车销售行为相关的规则中，对于固定转售价格行为，英国法与欧盟法一样没有较大的改变。在地域限制和客户限制的排他性方面，英国与欧盟一样引入了非独家的排他限制，只要获得排他性授权经销商的数量能够与相应的业务量和投资收益相称，供应商可以将某地域或客户划分给多个经销商。对于双重分销，英国指令和欧盟条例一样都允许双重分销适用相关集体豁免规则，但要谨防信息交换行为带来的横向垄断风险。在对经销商的销售限制方面，英国指令下供应商只能限制一级经销商向其他排他性地域或客户群的主动销售行为，但欧盟条例允许将此类限制传递至二级经销商层面。对于不竞争义务，英国法规定禁止销售竞争性产品的限制不能超过 5 年，而欧盟法在特定情况下允许更长期限的限制。

（七）对欧盟与英国现行汽车销售模式的归纳与总结

欧盟与英国现行主要汽车销售模式还是授权经销模式，各个层级经销商的一切经营活动都是为主机厂商服务的，通过合作或产权的方式与主机厂商的利益紧密联系在一起。经销商网络通常由一级销售网点和二级销售网点组成，分别负责汽车销售中的批发和零售环节。而在零售层面，经销商通常在排他性分销、选择性分销或者特许经营的体系下运作。此外，4S 专卖店是欧洲普遍的销售模式，同一厂家多品牌同店销售已成为欧洲各国重要的发展模式。此外，还有不少仅提供汽车售后服务但不从事整车销售的特约维修店。然而，有上百年汽车发展历史的欧洲，专卖店网络已略显疲态。销售网点过于密集，利润空间逐年减少，经销商利润被摊薄。在此背景下，直销和代理模式或者授权经销与代理的混合销售模式在西欧大陆也有了新的发展。

在合同法层面，德国、奥地利均通过成文法或判例法确立了在协议终止的情况下对经销商的特殊补偿，其中，德国要求的补偿范围更广，包括经销商在未来一定期限内的预期收入，而奥地利仅要求制造商对经销商的未摊销投资部分进行补偿。相比之下，法国和意大利并无此类给予经销商的特殊保护，只要相关有效终止通知是在法定期限内发出的，制造商不需要承担额外的责任。

在竞争法层面，欧盟成员国的汽车分销行为均适用于欧盟竞争法的一般规则，而最新修订的欧盟相关竞争规则给汽车分销中非真正代理关系、主动销售限制、双重分销等方面带来了更多的竞争关切。在成员国层面，各国执法和司法实践中处理汽车制造厂商与经销商之间关系的经验较少。意大利法院曾认定汽车制造商在其商业自决的范围内调整精简其经销网络不会违反竞争法；而奥地利法院在最新的判决案件中则认为汽车经销商对制造商的经济依赖程度很高，制造商在拥有市场支配地位的情况下可能滥用其支配地位损害汽车经销商的利益。而脱欧之后的英国在分销协议领域与欧盟的竞争规则逐渐出现分歧，从目前英国竞争规则的拟议修订来看，英国对于分销行为的竞争法规制可能会更加严格。

具体来说，欧盟及其成员国在竞争法相关规则的制定和修订过程中就经销商利益保护提出了以下几个基本原则和重要规则：

第一，代理商不应承担或仅承担很少的财务或商业风险。代理关系不属于欧盟竞争法所关注的纵向限制，但是应通过严格判断所谓代理人所承担的财务或商业风险的大小来识别实为纵向协议的非真正代理协议。

第二，对于代理商，厂家可以采用多种形式补偿代理商发生的投资：按成本精确补偿、一次性支付、产品代理销售额的固定百分比。厂家应负责未补偿到位的投资，还应系统监测成本变化并相应调整补偿力度。代理商即使在某段时间内销售数量有限或没有销售，但实际上仍在进行投入，厂家也应予以补偿。①

第三，在双重分销的情况下，独立经销商必须有订立代理协议的真正自由。例如，厂家不得以终止经销关系或给予更差的经销合作条款为威胁，事实上强加代理关系；代理协议涉及产品销售的所有相关风险，包括特定市场投资，必须由厂家承担。

第四，双重分销下的投资补偿应评估哪些投资是与代理业务相关的，从而确定需要补偿的代理协议下为了在相关产品市场中开展业务所做的市场特定投资。

三、日本

汽车工业是日本最重要的支柱产业，占据了其国民生产总值的重要部分，日本目前最大的汽车企业便是丰田汽车。随着二战后汽车、钢铁、电子产品等产业的高速发展，日本一度跻身世界第二大经济体。就日本汽车产业而言，围绕整车制造、销售、零部件制造和售后服务等发展起来的行业解决了日本国内很大一部分就业问题。

（一）日本现行汽车销售模式

日本汽车分销渠道的发展历经几次变革，但"系列化销售"的模式却一直延续至今，形成了日本独特的分销体制——排他性系列销售体制。在日本，分销体系的建立主要包括两种形式：一种是经销商独立完成销售场所的软件

---

① 对此，CECRA 曾建议欧盟委员会进一步明确：厂家用于覆盖相关成本的一次性固定金额或固定百分比，应独立和区别于作为代理商谈判和/或促成销售报酬而收到的佣金。当厂家收回和利用经销商（后转为代理）此前进行的投资时，应单独补偿这些投资。

和硬件设施建设；另一种是主机厂商出资进行销售场所建设，并将已建成的专营店委托给特定的经销商进行特定的品牌产品经营、销售，经销商在经营销售的同时还必须为租用的场所支付相关费用①。

通过与独立经销商签订排他性经销协议以及建立代理关系的方式，主机厂商在分销体制中占主导地位，结合地方势力建立全国经销网络。经销网络由公司、地区分部、经销总店和分店组成。总店和分店负责销售汽车，地区分部负责全国合同执行过程的资源调配。每一地区建有车库和配件库存场所，统一存货、统一定货。汽车经销商都是围绕某一产品的专销、专修、备件供应的品牌专卖店，按不同的产品在全国构成专业网。此外，主机厂商对经销商有严格的考核制度，定时定期对经销商进行指标考核，并为经销商提供一系列售后服务支持。

在这种以排他性经销模式为主的汽车销售模式下，主机厂商与独立经销商之间通常有着长达数十年的紧密合作。主机厂商和经销商之间的利润也保持在一个高效、合理的范围内，有利于销售网络在全国的建设、布控。这种合作也避免了恶意竞争，保证了市场对五大品牌产品的忠诚度。然而，单一品牌的排他性经销模式使得品牌内竞争弱化，市场透明度更高，日本本土汽车市场中竞争者缺乏，很难为企业提供更强的发展动力。对此，日本通过允许平行进口汽车②打破垄断，以海外汽车市场的激烈竞争弥补了日本国内竞争力的不足。

以日本本田公司为例，在排他性经销模式下，本田公司按分销商的订单组织生产。在每种车型推出之前以及生产期间，本田公司都要和分销商进行研究分析，听取其意见，收集有关信息，并对其进行培训和指导。分销商在销售新车方面基本属于排他性的，维修和配件供应基本上和整车销售是同一通路。与此同时，本田的技术中心还负责全面轮训各销售点的维修技术人员，

---

① 梁东，喻峰. 中外汽车营销模式比较及其对策分析[J]. 产业与科技论坛，2006 (5)：44-47.
② 平行进口汽车，是指未经品牌厂商授权，贸易商从海外市场购买，并引入国内市场进行销售的汽车。

并且负责研制维修工具和维修技术，在新车推出之前，还会提出一整套维修服务计划和培训出一批具备维修资格的推销、维修人员。

（二）日本现行监管规则

1. 日本合同法相关监管规则

在日本，没有专门的立法对汽车进口商、经销商或经销网络进行监管。汽车行业中的经销网络重组可以通过转让或终止经销合同项下的权利和义务来进行，与其他行业相比并没有特殊的适用规则。根据《日本民法典》的一般原则，如果汽车制造商与经销商之间的合同关系已经持续了很长一段时间，即使汽车制造商有终止合同的权利，也可能无法轻易终止合同。例如，在一些司法判例中，部分经销商对制造商以经销商销售表现不佳和不遵守制造商的商业策略为由而终止经销协议的行为有效性提出过质疑。为了最大限度地降低这种风险，汽车制造商可能更愿意与经销商签订固定期限的合同而非自动续约的长期合作协议，并每年对其进行定期审查。在这种监管规则下，制造商在终止合同时，也会尽可能寻求双方同意从而自愿终止相关合同，而不是进行单方面终止[1]。

2. 日本竞争法相关监管规则

日本汽车销售行为中引发的竞争问题通常由日本公平贸易委员会（JFTC）根据《反垄断法》进行监管。日本汽车公平交易协议会（AFTC）作为JFTC的下级机构，以日本《反垄断法》、《反不正当竞争法》、《反不正当赠与及表示法》为基础，分别制定了《关于流通领域交易行为的相关反垄断法实施指南：汽车流通适用手册》（以下简称《汽车流通适用手册》）、《汽车行业公平竞争规约》、《汽车行业限制提供赠品公平竞争规约》，对促进日本汽车流通领域竞争、平衡汽车供应商与经销商关系、保护消费者合法权益

---

[1] Hogan Lovells. Automobile in Japan ［EB/OL］. https://www.lexology.com/library/detail.aspx? g = 34c0c790-e3b0-49f8-8e0e-5f4ca3a5b22d.

发挥了重要作用。《汽车流通适用手册》对汽车流通领域适用反垄断法的情况进行了说明，并对"允许"和"禁止"两种情况进行了详细解释。具体来说，《汽车流通适用手册》主要规定了以下七项内容：

第一，禁止供应商限制经销商零售价格。禁止汽车制造商和总代理直接或间接限制经销商的零售价格，但允许设定建议零售价。其中，间接限制包括：若不按价格销售则拒绝供应新车或是拒绝支付返利，暗示不按价格销售就无法盈利，禁止经销商在广告中低价宣传等。

第二，禁止具有市场竞争力的汽车供应商限制经销商分销其他品牌的竞争性商品，但若汽车供应商不属于具有市场竞争力的企业或是新进入市场的供应商，限制经销商分销竞争性商品是被允许的。判断是否属于具有市场竞争力的标准是，在相关市场的占有率达到10%以上，或排名在前三位。

第三，可以设定经销商责任区域，但禁止汽车供应商限制经销商的被动销售，其中，禁止具有市场竞争力的汽车供应商限制经销商的主动销售，但允许不具有市场竞争力或新进入的汽车供应商限制主动销售。

第四，禁止具有市场竞争力的汽车供应商限制经销商的销售对象。经销商自行决定二级经销商的设置标准，汽车供应商不得干涉。

第五，汽车供应商可以提供销售奖励，但禁止汽车供应商在没有明确标准的情况下支付返利，或根据经销商的零售价格、是否经营竞争商品等来区别支付返利，甚至以此作为手段惩罚经销商以达到限制竞争的目的。

第六，禁止汽车供应商利用自己的市场优势地位对经销商的兼业内容、销售数量等进行过度限制。如以低价销售导致经营状况不善为理由要求更换经营责任人、不考虑经销商的销售能力强行压库、若不同意畅销车与非畅销车搭配销售则停止供货等。

第七，禁止汽车供应商限制其海外贸易伙伴向平行进口商供货，禁止汽车供应商限制其经销商经营平行进口汽车，当平行进口汽车出现维修困难或无法获取配件时，汽车供应商及授权维修商应为平行进口汽车提供配件和维修服务①。

在执法层面，日本公正交易委员会（JFTC）也曾积极参与汽车零部件行业卡特尔规制活动。JFTC 于 2012 年和 2013 年对四大线束制造商的卡特尔行为罚款近 129 亿日元（约合人民币 10.2 亿元），对七家电子组件制造商的卡特尔行为罚款近 34 亿日元（约合人民币 2.69 亿元），对三个前照灯制造商的卡特尔行为罚款近 47 亿日元（约合人民币 3.71 亿元）。

（三）对日本现行模式的归纳与总结

日本的汽车销售存在品牌专卖、兼业销售、直销、租赁、网络销售、平行进口等多种销售方式，但品牌专卖方式占据绝对主体地位。这种方式便利了汽车供应商对经销商的控制，品牌内竞争程度被降低，在一定程度上维护了汽车市场上现有竞争者的市场地位。由于这种销售模式的排他性特点，相较于其他法域，日本汽车销售行为更可能引发卡特尔和纵向限制方面的竞争风险。为了弥补这种市场竞争的不足，日本允许汽车经销商进行平行进口。

日本汽车销售行为以及涉及的主机厂商与经销商之间的关系在法律上主要受到反垄断法方面的关注。为此，日本汽车公平贸易委员会专门制定了相关指南，明确汽车流通领域的竞争政策，对汽车供应商的允许和禁止行为进行具体规定，为汽车供应商和经销商提供操作性较强的行为指引，以促进汽车流通环节的公平竞争、保护消费者权益。就指南的具体内容来说，其基本逻辑与欧美对于纵向协议的反垄断规制原则基本一致，但是在"具有市场竞争力的企业"标准的选择上，10%的市场份额门槛或前三大竞争者的判断标准相较于其他反垄断司法辖区来说可能更为严格。

---

① 陈海峰，黄永和，吴松泉. 日本的汽车流通政策及立法经验 [N]. 中国汽车报，2013-12-09.

◇ 汽车销售模式：发展与变革

四、澳大利亚

（一）澳大利亚现行汽车销售模式

在澳大利亚，汽车品牌主要是通过与经销商签订特许经营协议来建立经销关系的。同时，澳大利亚的单一品牌汽车销售店在经销过程中，对消费者的限制并不多。比如对于消费者在购车后的汽车保养，并不强求一定要在自家店中完成，只要符合要求，之后的保修仍然可以兑现。而在零配件方面，很多品牌销售店乐意进行配件零售，并不强制要求在自家店中修配。

另外，在互联网时代，很多新车销售也直接在网上进行，例如，澳大利亚最大的车辆销售网站Carsales就提供新车销售服务。很多汽车经销商已经开始转战互联网销售战场。这也促使了汽车品牌向直营和代理销售模式的转换。2020年初，本田就宣布将在澳大利亚引入固定价格和代理商销售模式，并减少旗下特许经销商数量和在澳洲市场发售的车型种类。德国汽车制造商梅赛德斯-奔驰也从2022年初准备采用固定售价和代理商模式，旨在"改善客户体验"。

（二）澳大利亚现行监管规则

1. 澳大利亚《特许经营行为准则》

澳大利亚现有对汽车经销领域最为直接的法律规定是《特许经营行为准则》（Franchising Code of Conduct）[1]，经最新修订于2021年7月1日生效后成为强制性适用法律，即所有经销商、汽车厂家都应该遵守其中的规定，如有

---

[1] Federal Register of Legislation. Competition and Consumer (Industry Codes-Franchising) Regulation 2014 [EB/OL]. https://www.legislation.gov.au/Details/F2021C00644.

第二章
主要经济体汽车销售模式的现状分析

违反则将依据其中规则对他们进行处罚。

在澳大利亚法律体系下,汽车经销合同被视为一种特许经营合同,有关新车经销合同早前也已被纳入《特许经营行为准则》中作为单独一章"新车经销协议"进行规定,其中汽车厂家为特许人,经销商为被特许人。根据该行为准则,主机厂商和经销商必须遵循以下规则:①禁止主机厂商要求经销商进行不合理的高额资本投入;②主机厂商若要解除经销合同则至少需要提前12个月通知对方;③主机厂商与经销商应约定合同不再延续时协商如何处置投入的机制;④主机厂商退出市场、优化网络、改变经销模式等原因导致合同不续签且不签署新合同的情况下,主机厂商应回购或给予经销商补偿;⑤经销商应有权获得在公平合理的时间期限内的投资回报补偿;⑥在计算补偿时应当考虑经销商收入损失、未摊销资本支出、其他相关成本等多重因素;⑦主机厂商不得在经销商未违约的情况下排除经销商获得补偿的权利。

2021年3月12日,澳大利亚政府宣布对汽车特许经营领域进行新一轮改革。在此背景下,澳大利亚工业、科学、能源和资源部于2021年4月公布了有关新车经销合同的六项原则,对上述《特许经营行为准则》中的规定进行了重申:①主机厂商因退出市场、优化网络、改变经销模式等提前终止合同时应给予经销商公平合理的补偿;②不得限制经销商获取报酬;③上述"公平合理的补偿"包括直接和间接收入的利润损失、特许人要求的和尚未收回的支出及未摊销的资本支出、失去出售已建立的商誉的机会、清算成本;④经销商应有公平合理的时间,从主机厂商要求进行的投资中获得回报;⑤主机厂商退出市场、优化网络、改变经销模式的,应安排补偿或回购;⑥及时的和解和争议解决机制。

在该行为准则出台后,就有经销商立马将转变销售模式的汽车品牌诉诸法院。2020年2月,梅赛德斯-奔驰开始提示其经销商将于2022年1月1日起全面变更商业模式,新经销模式下奔驰将以固定价格模式与经销商进行合作。2021年6月下旬,奔驰向所有经销商正式发出通知,要求经销商必须于

2021年9月前签署奔驰方单方面提出的补偿合同,该新合同规定经销商可获得2年利润损失的补偿,但前提是其必须签订另一份为期4年的新合同,且经销商无权就新合同展期,若经销商不签订该合同则奔驰方将不再向该经销商供给奔驰汽车。奔驰经销模式的改变引发了经销商的强烈不满,2021年10月超过80%的澳大利亚奔驰经销商联手发起诉讼,向奔驰德国及其德国母公司戴姆勒主张6.5亿澳元的商誉损失。

2. 澳大利亚竞争法相关监管规则

此外,澳大利亚汽车销售行为还受到联邦层面《竞争和消费者法案(2010)》①的规制,其中关于卡特尔行为、转售价格限制、独家交易、滥用市场支配地位行为的规定也可适用于汽车经销的场景之中。在2021年9月14日生效的《竞争和消费者法案(2010)》的修订案中规定,对违反与特许经营相关的行业准则的公司可处以最高1000万澳元的罚款。

澳大利亚市场近年来发生了多起汽车品牌与经销商之间的纠纷,其中通用汽车关停霍顿品牌事件便受到了澳大利亚竞争和消费者委员会(ACCC)的关注。2020年2月17日,通用汽车宣布将关闭霍顿品牌并将退出在澳大利亚的市场经营,这意味着霍顿品牌将不再与其在澳大利亚境内的185家经销商续签经销协议,通用汽车要求其经销商必须在2020年5月31日前决定是否接受通用汽车单方面制定的补偿条款。通用汽车在提出该补偿条款时并未与经销商进行过磋商,而是以强势地位迫使经销商接受其制定的补偿条款,即迫使经销商在进入争议解决程序之前必须确定是否接受该等补偿。在ACCC的干预下,霍顿品牌最终同意延长经销商接受其补偿要约的时限,并承诺将会秉持诚实信用原则与经销商进行友好磋商。

(三)对澳大利亚现行模式的归纳与总结

整体上,澳大利亚的汽车销售模式与美国更为相似,均为基于特许经营

---

① Business Queensland. The Competition and Consumer Act [EB/OL]. https://www.business.qld.gov.au/running-business/consumer-laws/competition-consumer.

合同建立的授权经销关系。尽管这种模式下汽车品牌的品牌内竞争相对来说被限制了,但澳大利亚的整车销售与售后服务的捆绑程度不高,消费者在汽车售后市场不存在明显的转换成本,经销商可以在售后层面进行充分的竞争。

同时,澳大利亚和美国一样,也有较为严格的与特许经营相关的强制性法律规范,主机厂商和经销商之间的利益平衡受到专门法规的调整。澳大利亚的《特许经营行为准则》给予被终止合同的经销商充分的补偿,既包括了对历史投资的补偿,也包括了对未来合理预期收入的补偿。这一规定体现了对于经销商在特许经营合同下的特殊保护。与美国不同的是,澳大利亚对直销的限制没有美国严格,因此有不少汽车品牌开始在澳大利亚推行固定价格和代理销售模式,但从目前经销商群体在舆论或法律上对此提出的质疑来看,代理销售模式在澳大利亚的推行以及主机厂商与经销商之间关系的协调还有很长一段路要走。

图片来源：MIdjourney 制作。

第三章　汽车销售模式的变革及其评估

近年来，汽车流通领域不断发生着变革，新能源汽车的快速发展推动了新销售模式的建立与发展。传统的授权经销模式在国内历经20余年的发展，陷入了一定的发展困局；直营、代理等新销售模式不断涌现并获得快速发展，蔚来、小鹏、理想等"造车新势力"的直营店在全国范围内大量落地。传统经销模式与新销售模式之间的竞争、冲突也成为汽车流通领域热议的话题之一。

一、传统主机厂商的授权经销模式

（一）授权经销模式的发展历程

就中国整体的汽车流通模式而言，其并非一成不变的，而是随着经济发展与市场需求的变化不断探索不同的流通模式。具体而言，可以初步划分为四个阶段：

第一阶段，"小轿车经营权"时期。1949年中华人民共和国成立之初，国家对于汽车资源进行集中统一的管理与分配。随着改革开放的深入，汽车逐步从生产资料向消费品转变，形成有计划的商品经济，就社会总体需求而言处于供不应求的市场状态。作为计划经济时期的产物，部分拥有"小轿车经营权"的企业，如汽车贸易公司、机电公司、物资公司独立或联合对外销售汽车，形成了这一时期汽车销售的主要模式。在此阶段，受限于"小轿车经营权"，消费者面临多层销售渠道的层层加价，整体市场情况较为混乱。

第二阶段，"买断式"代理时期。1993 年，财政部取消了购买轿车的控购审批，汽车真正成为消费品。由于汽车销售市场整体表现不佳，我国开始尝试引入国外的销售模式。首先借鉴的就是日本和韩国的佣金代理模式，以此来对国内的汽车销售渠道予以规范。20 世纪 90 年代中后期，部分主机厂商开始遭遇部分车型滞销的困境，越来越多的主机厂商希望将库存和销售压力转移到下游销售渠道，所以"买断式"代理模式成为这一时期主要的销售模式。

第三阶段，4S 店模式时期。随着私人领域对汽车需求的快速增长，汽车流通领域的大卖场模式的弊端凸显，监管缺位造成市场混乱，价格不透明与强势的卖方市场，限制了汽车行业的发展。1999 年，广汽本田在国内开设了第一家特约销售服务店，率先提出了"汽车特许经营"模式的概念，构建了整车销售（Sale）、零配件（Spare part）、售后服务（Service）、信息反馈（Survey）四大功能，是中国 4S 店销售模式的雏形。本田 4S 店在国内的成功，引发了大众、通用等品牌争相效仿，逐步成为中国汽车流通领域的主要模式，并推动了中国汽车行业迎来新一轮的快速发展。

第四阶段，直营、代理模式的回归时期。随着 2013 年特斯拉侨福芳草地体验中心开业，直营销售模式开始回归。随着国家对新能源汽车的政策倾斜，中国本土造车新势力开始不断崛起，新能源主机厂商大量采用"直营""商超体验店"等多种新的销售模式，越来越得到传统主机厂商的效仿。就目前而言，一、二线城市的中心商圈已经出现各类汽车品牌的体验店，甚至有些商超体验店已经向三、四线城市布局。自从"汽车+互联网"模式提出以来，围绕汽车电商、以租代购以及聚焦资讯平台的相关企业开始布局汽车"新零售"，快速推动了汽车流通的商业要素重构。汽车行业传统的线下服务已经不再满足市场需求，以大数据为依托的全新商业模式被催生。而互联网平台的加入则为线下门店中销售与售后服务的分离提供了可能,继而可以促进新能源汽车在销售渠道布局过程中的多样化和资产的轻量化。消费者可以在线上商城下单,在线下体验门店提车并在服务中心进行后续保养服务,实现线上线下渠道的打通和融合。而此类直营、代理模式的回归也对4S店模式提出了挑战。

综合而言,中国汽车流通领域根据不同时期社会经济、市场状况而呈现不同的销售模式,目前无论是造车新势力还是自主品牌和合资品牌,均开始尝试直营、代理模式。因而对于传统的经销模式与经销商而言,亦面临着巨大的考验与挑战。

(二) 授权经销模式的困局

在正式建立20年后,一度被中国汽车市场奉为圭臬的授权经销模式似乎正作为一种亟待变革的"旧势力",承受着来自供给端、消费端乃至全行业的压力。概括而言,授权经销模式所面临的困局源于流通侧、消费侧和监管侧所给予的三重压力。

1. 流通侧

授权经销模式在流通侧的传统优势在于可以实现部分车型当日提车以及经销商之间就服务、价格所展开的良性竞争。目前来看,流通侧主要面临的压力在于经销商库存居高不下,销售利润持续下滑。中国汽车经销商之声(VoCAR)《调研行业报告2022-H2夏季版》[1]的相关数据显示,总体来看,2022年经销商经营的信心与满意度较2021年同期有所增长,但盈利能力低于2021年同期水平。2022年上半年经销商盈利水平普遍下降,但随着主机厂商关怀及国家助消费政策的推出,经销商对2022年下半年的经营信心逐步加强。从销量表现来看,2022年上半年除红旗品牌销量同比正增长外,保时

---

[1] 中国汽车流通协会品牌经销商分会. 中国汽车经销商之声调研2022-H2夏季版 [EB/OL]. http://www.auto-society.com.cn/news/show-3075.html.

捷、宾利、林肯的销量降幅低于10%,奔驰、宝马的销量降幅在10%~20%,其他豪华品牌降幅均大于20%,比亚迪、埃安、启辰等新能源车销量实现正增长。

2. 消费侧

就消费侧而言,汽车经销商的最大优势在于能够直接接触客户,提高客户黏性与开拓新客户更是决定汽车经销商能够与主机厂商长久合作的重要因素。与汽车经销商生存环境不佳形成呼应的是汽车经销商在服务能力,尤其是规范化流程方面与消费者期待或需求之间存在一定差异。在传统授权经销模式下,经销商与消费者之间存在一定的信息不对称。随着汽车销售环节利润的降低,汽车经销商通过对汽车金融及其他服务项目加大投入,以维持和扩大自身规模。鉴于消费者对相关服务项目的了解相对较少,从而可能出现损害消费者选择权和利益的情形。

J. D. Power《2022 中国销售服务满意度研究(SSI)》的研究显示[①],"消费者在试乘试驾环节决定购买的比例从2021年的15%增加到2022年的21%,这一增长呈现出逐渐向新能源汽车市场靠拢的趋势。而消费者购车过程中其他环节的决定购买比例均呈下降态势。此外,放弃购买的前15大原因中,'产品体验不及预期'与2021年相比增幅最多,上升了5.4%,这进一步印证了试乘试驾对于目前销售环节的重要性"。目前来看,"到经销商看实车"和"与销售人员交流"是汽车经销商流失客户较多的两个环节。传统授权经销模式下并无规范化的服务流程,汽车经销商的服务取决于自身的业务培训力度与效果,能否提供专业、诚实、规范的业务服务成为汽车经销商之间竞争的主要维度。

与此同时,随着汽车经销商在汽车金融领域的扩张,"金融服务费"也引发了社会各界的广泛关注。在中国汽车行业发展初期,银行贷款需要4S店

---

① J. D. Power. 2022 中国销售服务满意度研究(SSI) [EB/OL]. https://china.jdpower.com/zh-hans/press-release/2022-SSI.

提供一定比例的担保金,才会放款给客户。4S 店需要派出人手进行一系列相关准备工作,如准备材料、电核、借款人与担保人的家访、面签合同、合同内容解释、提报银行等,消费者适当地缴纳金融服务费是合理的。随着简化的汽车金融产品推出,经销商所提供的服务项目也在进一步缩减。是否向消费者明确收取金融服务费的金额及提供的服务内容,是否存在其他收费项目以及是否明确具体的服务内容,成为消费者对经销商满意度的重要考量因素。

除此之外,鉴于 4S 店的零部件价格通常向主机厂商直接采购,其零部件价格及保养成本通常高于市面上其他无授权的汽车保养维修店。在中保研汽车技术研究院有限公司第 13 期汽车零整比研究成果发布,"汽车零整比 100 指数"和"常用配件负担 100 指数"增幅开始放缓。本期"汽车零整比 100 指数"为 351.46%,较上期增加了 0.53 个百分点;"常用配件负担 100 指数"为 17.32,较上期增加了 0.01。整体来看,两项指数基本与上期持平,与以往相比,增长幅度开始放缓。100 款样本车型中,汽车零整比系数与上期相比,上涨的有 41 个车型,下降的有 23 个车型,其余 36 个车型没有变化[①]。

综上所述,传统的授权经销模式经过 20 余年的运行,随着互联网普及下信息不对称在一定程度上的消除,以及消费者维权意识的不断提升,提升消费者的消费体验与满意度将成为缓解汽车经销商消费侧压力的重要举措。

3. 监管侧

自《中华人民共和国反垄断法》于 2008 年正式实施以来,汽车业反垄断一直是执法重点之一,包括宝马、克莱斯勒、奔驰、一汽大众、东风日产、上汽通用、长安福特在内的多家主机厂商及经销商曾被处以高额的反垄断行政处罚。主要的涉案行为包括两种:一是横向价格垄断协议(包括服务维修价格、整车销售价格、PDI 检测费等);二是纵向价格垄断协议,包括固定转售价格与限定最低转售价格。此外,国务院反垄断委员会发布《关于汽车业

---

① 中保研汽车技术研究院有限公司. 第 13 期汽车零整比数据[EB/OL]. http://www.ciri.ac.cn/anquanzhishu/? type_id=43.

的反垄断指南》，进一步强化和明确对汽车行业可能的垄断行为的监管措施，例如，在纵向限制领域明确强调了对以下行为的监管：①固定转售价和限定最低转售价；②建议价、指导价和限定最高价；③地域限制与客户限制；④通过质量担保条款对售后维修服务和配件流通施加间接的纵向限制；⑤有关经销商和维修商销售与服务能力的其他纵向限制[①]。

此外，2014 年，由交通运输部、国家发展和改革委员会、教育部等 10 部门联合印发的《关于促进汽车维修业转型升级提升服务质量的指导意见》规定，各汽车生产企业要公开全部在售车型的维修技术信息[②]，以杜绝汽车制造商对汽车售后环节的垄断。

综上所述，在越发严格的法律规制与越发强劲的执法力度下，从反垄断监管侧对主机厂商和汽车经销商在市场交易层面提出了更高的合规要求。

二、非传统主机厂商的新模式

新能源汽车制造业的机制和模式发生了颠覆性的改变，车身的机械结构复杂度大大降低。在此大背景下，自 2014 年起，互联网产业迅速发展的同时催生了一批造车新势力。内外夹击的竞争形势促使传统主机厂商及跨行业企业也试水造车新模式，依托原有资源进行转型，大量新能源车型进入汽车流通市场。不同主机厂商的产品设计思路不同，品牌基因差异决定商业化路径各异。传统主机厂商拥有完整的"研发—生产制造—销售"的产业链，拥有庞大的产品体系、高度垂直细分的分工系统，在技术研发和规模制造上的优势明显，但相对同质化的服务较难满足车主个性化需求。造车新势力打破传

---

① 反垄断局. 国务院反垄断委员会关于汽车业的反垄断指南 [EB/OL]. https://gkml.samr.gov.cn/nsjg/fldj/202009/t20200918_321860.html.
② 交通运输部办公厅. 关于促进汽车维修业转型升级提升服务质量的指导意见 [EB/OL]. https://xxgk.mot.gov.cn/2020/jigou/ysfws/202006/t20200623_3315061.html.

统造车思路，以用户需求为核心定义汽车产品，产品的自动化、智能化特征更为明显，使汽车从交通工具向智能工具转变。因此，传统主机厂商与造车新势力之间存在较大的理念差异，具体如表3-1所示。

表3-1 传统主机厂商与造车新势力差异对比

	传统主机厂商	造车新势力
产品定义	以性能及机械硬件为核心定义产品属性	以用户需求为核心定义产品属性
产品线	产品线较为完善，包含A0级到B级纯电及混动轿车、SUV，可以满足不同消费者的需求	通常以A、B级纯电SUV为主进入市场，主打年轻消费群体，产品的自动化、智能化特征显著，OTA升级速度较快
销售模式	以传统4S店的授权经销模式为主，部分车企开始进行数字化转型	以线上订购、线下体验店以及直营店等形式为主
用户关怀	车辆交付后，车主与主机厂商之间的互动较少，而同质化的服务内容较难满足车主个性化的需求	交付仅是开始，后续的服务、车主活动等内容较为丰富，涵盖用户用车的全生命周期

基于此，造车新势力迅速抢占了新能源汽车销售市场的大量份额，与之相伴地，新模式下的直营、代理销售方式更是对传统授权经销模式产生了巨大冲击。因此，本部分将主要针对直营、代理两类销售模式展开利弊分析。

（一）直营模式的利弊分析

1. 直营模式概述

相较于授权经销模式而言，直营模式所有的投入都是由主机厂商承担的。在所有的销售模式中，直营模式的运营资本投入是最多的，选址、建店、硬件、人员、广告、运营等费用均需主机厂商直接承担。通常而言，主机厂商选择直营模式进行销售的原因有二：一是主机厂商及其品牌较新，市场知名度较小，难以与经销商之间就经销条件达成一致；二是主机厂商拟通过直营模式减少经销模式的成本支出，从而获取更高的利润。

作为直营模式的先行者，特斯拉自2013年在北京开设首家商超体验店以来，其主要的"扩张"都集中于各大一线城市人流量密集的商超当中。究其原因，商超或购物中心内有充足的自然到店客流，对缺乏品牌认知度与线下展示渠道的主机厂商而言，能够更快地提升品牌曝光度并节省宣传费用；况且商超或购物中心一般都拥有较为良好的基础设施，能够为主机厂商的体验店开设提供便利条件。艾媒咨询《2020年中国新能源汽车用户基本画像分析》显示，我国新能源汽车用户中76%来自26~45岁的人群[①]，这与购物中心的主力消费群体高度重叠，能够有效地提升销售数量。图3-1展示了特斯拉直营模式流程。

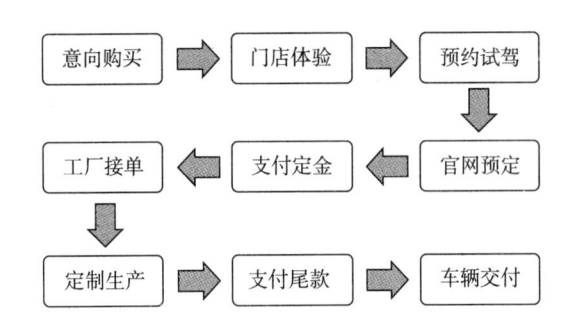

图3-1 特斯拉直营模式流程

以特斯拉为代表的新能源主机厂商，以商超体验店的形式进行大量的市场开拓活动。随着市场宣传的深入与品牌接受度的提升，特斯拉等主机厂商亦从单一的直营模式进行转变，或从商超转向其他成本更低的地区开设直营店铺。

2. 直营模式与授权经销模式的优劣分析

直营模式是造车新势力的主流销售模式之一。传统车企的销售模式以经

---

① 艾媒咨询.2020年中国新能源汽车用户基本画像分析［EB/OL］.https://www.iimedia.cn/c1020/74581.html.

销商（4S店）为主，经销商已有固定销售渠道，因而市场开发难度较小，同时有助于车企降低营销成本，但经销商间不同的定价模式，容易导致市场价格混乱，从而降低消费者体验，此外由于多了中间商环节，价格相对较高，而较高的价格亦不利于产品推广。国内造车新势力多以直销作为主要销售模式，直销虽有投资成本较高的风险，但价格统一，可直接接触消费者，因而更有利于长期品牌形象的建立，同时，省去中间环节后更低的产品价格也更有助于新能源汽车的推广应用。具体而言，直营模式与授权经销模式的优劣对比如表3-2所示。

表3-2 直营模式与授权经销模式的优劣对比

	直营模式	授权经销模式
销售模式	主机厂商直接向消费者进行销售车辆	经销商向主机厂商买断车辆后向消费者进行销售
优势	● 降低主机厂商在流通环节的成本 ● 主机厂商能够有效管控价格，实现价格统一 ● 因成本下降，可以给予消费者更为优惠的价格	● 可以依托经销商已有的销售渠道，市场开发难度较小 ● 有助于降低主机厂商的营销成本与库存压力 ● 部分车型可以实现当天提车 ● 经销商之间的良性竞争可以增强渠道活力
劣势	● 前期的固定投资成本较高 ● 整体的市场开发难度较大 ● 难以直接在商超体验店等体验型直营店内提供售后服务	● 经销商之间的恶性价格竞争可能导致市场价格混乱 ● 经销商之间的服务质量参差不齐，可能影响用户体验

由此可见，直营模式与授权经销模式各有优劣。相较于授权经销模式，在直营模式下，主机厂商可以借助商超体验店的形式迎合市场，以达到宣传品牌与扩大销售的效果。主机厂商能够实现对价格的统一管理，使价格信息更为透明，避免市场的价格乱象。与之相应地，主机厂商在直营模式下需进行大量前期成本投入，整体投资回收期较长，大量新能源主机厂商的盈利周期较长。

3. 现行直营模式的问题浅析

如前所述，新能源汽车的销售模式与传统燃油车存在较大差异，新能源汽车品牌由于采用销、服分离模式，城市型展厅选址更侧重于城市中心人流密集的大型商场或写字楼场所，销售服务中心涵盖售后服务功能，其店面多位于传统汽车商圈及工业区。

以小鹏汽车为例，其在直营模式的基础上采取了"直营+授权销售"的新零售模式。与传统授权经销模式不同，小鹏汽车的授权商仅负责车辆的销售环节，其收入来源主要是根据销售量及客户满意度由小鹏汽车向其支付一定的佣金。具体来看，消费者在小鹏汽车的授权门店挑选确定产品后，通过平台系统直接向小鹏汽车下单。小鹏汽车在收到消费者款项后，通过授权门店向消费者交付所订购的车辆。在此种"授权销售"模式下，购车合同及售后服务皆由小鹏汽车统一提供，授权商无权调整车辆价格，店内仅提供展示和试驾车辆，授权商不会有任何存货压力。

相较于直营模式而言，"授权销售"模式下，主机厂商能够利用授权商已有的门店资源、销售渠道和销售经验来快速打开市场。在成本控制方面，主机厂商主要向授权商支付销售佣金，无须承担自建门店费用，因而主机厂商资金链压力小，这有助于提升其资金周转能力。然而，"授权销售"模式中，主机厂商可能会面临授权商服务不统一、服务态度差、误导消费者、消费欺诈等可能损害主机厂商企业形象与引发消费者投诉的问题。同时，直营店销售人员的销售效率普遍比授权商销售人员更高。

总体而言，除特斯拉等完全自营的主机厂商外，多数主机厂商均并未采取单一的销售模式，而是采取"直营+授权销售"的混合销售模式，以更好地拓宽市场与降低成本。

（二）代理模式的利弊分析

1. 代理模式概述

所谓代理模式，是介于传统授权 4S 店和品牌直营店之间的一种销售模式，即由代理商负责汽车的展示、邀约、试驾、交付等工作；由主机厂商负责定价、开票、调车，并根据服务质量和数量向代理商支付佣金。

在汽车产业变革的推动下，汽车营销模式转型与多模式共存已成定局。与造车新势力多选择直营模式不同，传统车企在推广自己的新能源品牌或车型时则对代理模式青睐有加，大众、宝马、梅赛德斯-奔驰、沃尔沃等品牌纷纷确定在全球部分市场开展代理模式。具体来看，全球主要经济区各大主机厂商推动代理销售模式的情况汇总如表3-3所示。

表3-3 主要经济区代理销售模式情况

序号	国家/地区	主机厂商	推动代理销售情况
1	欧盟	梅赛德斯-奔驰	梅赛德斯-奔驰于2021年5月左右向其位于欧洲的合作零售商发送了代理销售模式协议并就该协议向经销商征求意见。随着梅赛德斯-奔驰在奥地利、瑞典和南非试验了代理销售模式，其已于2023年1月1日在英国上线了新的系统，公司的目标是到2023年底通过代理销售方式在欧洲销售一半以上的奔驰汽车
2	欧盟	宝马	宝马集团计划于2024年结束MINI在欧洲的授权经销商体系，于2026年结束宝马品牌的授权经销商体系，转而依靠代理模式销售新车
3	欧盟	大众集团	大众集团在经销商会议上确认了其将在2023年初完成大众汽车、大众商用车、斯柯达、奥迪和Cupra等品牌的电动汽车销售向代理模式转换
4	欧盟	沃尔沃	2021年3月，沃尔沃宣布计划在2030年100%转向电动车生产。届时所有的订单基本在网上直接下达，经销商则提供咨询、试驾、面对面互动、交付等消费者体验服务
5	澳大利亚	通用汽车（霍顿）	2020年2月17日，通用汽车宣布将关闭霍顿（Holden）品牌并退出在澳大利亚的市场经营，这意味着霍顿品牌将不再与其在澳大利亚境内的185家经销商续签经销协议，通用汽车要求其经销商必须在2020年5月31日前决定是否接受通用汽车单方面制定的补偿条款
6	澳大利亚	奔驰	奔驰于2021年6月底正式向经销商发出通知，要求经销商最晚在8月下旬签署奔驰单方提出的协议，如不签署则停止供货
7	英国	丰田	2019年，丰田在英国对运动车型Toyota Supra推行直接销售模式

续表

序号	国家/地区	主机厂商	推动代理销售情况
8	英国	戴姆勒	戴姆勒目前也正筹划在英国试点推行代理销售模式，并计划未来在整个欧洲地区推行
9	英国	吉利	吉利旗下的电动汽车品牌北极星（Polestar）在英国市场上全面采取代理销售模式，目前仅计划在英国设立两家门店
10	英国	斯特兰蒂斯	2021年5月斯特兰蒂斯（Stellantis）通知经销商将于2023年6月终止双方间的合同，并开始转向代理模式，并计划到2026年，新分销模式将在欧洲十大市场运营。旗下涉及多个品牌：沃克斯豪尔、标致、雪铁龙、DS汽车、阿尔法·罗密欧、菲亚特和吉普等

由表3-3可知，传统主机厂商开始逐步转变其授权经销模式，多数主机厂商将其旗下的新能源汽车作为变革的试点从而逐步向代理模式转变，部分主机厂商想要整体改变其销售模式，因而整体向代理模式倾斜与转变。

2. 代理模式与授权经营模式的优劣分析

如前所述，传统主机厂商销售新车的普遍做法均为授权经销商模式，即主机厂商与经销商之间通过签订授权经营合同，授权汽车经销商按照主机厂商合同规定的标准，作为品牌方的代表，在一定的区域从事品牌汽车销售和售后服务。代理模式对于经销商而言则是用企业的经营自由换取较低的经营风险。

对于主机厂商来说，代理模式可以调动现有的传统经销商渠道网络，便于其更加主动地掌握价格、资金等重点信息，使其能够更好地了解消费者需求，同时可以避开直营模式的成本压力与管理效率。对于经销商来说，虽然代理模式可以实现轻资产、少库存等优势，但销售佣金比例较低、整体利润率较低、权利被过度限制成为传统经销商抗拒代理模式的主要原因之一。具体而言，代理模式与授权经销模式的优劣对比如表3-4所示。

第三章 汽车销售模式的变革及其评估

表 3-4 代理模式与授权经销模式的优劣对比

	代理模式	授权经销模式
销售模式	• 营销推广：主机厂商负责确定品牌规划、市场推广、线索获取等方案；代理商则作为具体市场活动的执行方 • 汽车销售：代理商负责汽车的展示、邀约、试驾、交付等工作；主机厂商负责定价、开票、调车，并根据服务质量和数量向代理商支付佣金 • 汽车服务：由代理商与主机厂商协调处理车辆保养、车辆维修、客户投诉、客户关怀 • 汽车衍生品：汽车金融、汽车保险、二手车等汽车衍生品仍由代理商负责 • 业务数据：主机厂商将使用统一的业务系统，并直接掌握用户数据、交易数据、车辆数据 • 代理商管理：代理商对价格无决定权，其所收取的是交易佣金；代理商无库存压力	• 营销推广：经销商负责品牌规划、市场推广、线索获取、市场活动等工作 • 汽车销售：经销商向主机厂商买断车辆后向消费者销售，经销商对车辆销售事项具有决定权 • 汽车服务：由经销商协调处理车辆保养、车辆维修、客户投诉、客户关怀 • 汽车衍生品：汽车金融、汽车保险、二手车等汽车衍生品由经销商负责 • 业务数据：经销商负责各自的销售事宜，主机厂商并不掌握客户信息、业务信息等 • 经销商管理：经销商对汽车销售价格及其他事项具有决定权
优势	• 主机厂商能够实现统一的市场宣传方案与标准，有助于树立品牌形象 • 主机厂商具有绝对的定价权，能够避免品牌内部的恶性价格战 • 适用统一的业务系统能够简化在线销售的流程 • 能够减少代理商的库存压力与经营压力	• 经销商之间的良性竞争，有可能使消费者享受到更低的价格与更优质的服务 • 经销商的利润水平与资金流转量远高于代理商，更容易扩大业务规模 • 经销商可以实现部分车型当天提车 • 经销商之间的良性竞争可以增强渠道活力 • 经销商掌握客户、交易等业务数据，有利于其扩大业务规模
劣势	• 利润较低，难以满足代理商的业务运营需求 • 在线销售会进一步削弱代理人能获取的利润 • 代理商不再掌握全部业务数据，不利于其扩大自身业务规模	• 经销商之间的恶性价格竞争可能导致市场价格混乱 • 经销商之间的服务质量参差不齐，可能影响用户体验 • 经销商承受较大的库存压力

由此可见，代理模式与授权经销模式各有利弊。相较于授权经销模式，在代理销售模式下，主机厂商掌握了定价的主导权，经销商则丧失了部分运营主动权。代理商所能获取的利润较之经销模式而言更低，且代理商不再能够掌握全部的客户、交易数据，这可能会限制代理商扩大运营规模的能力。与之相应地，代理商没有库存压力，而主机厂商需承担对市场供需的预测与库存压力。

3. 现行代理模式的问题浅析

如前所述，传统主机厂商多以其新的新能源车型作为转型代理模式的试点，以大众汽车为例，大众汽车是德国市场上最早明确宣布实施代理模式的品牌。大众汽车在推出 ID.3 车型的同时就开始与所有的授权经销商就其新能源车型的《代理商协议》展开磋商与谈判，到 2020 年 5 月大众汽车得到了所有德国授权经销商的同意，并与之签署了 ID 系列车型的《代理商协议》。目前大众汽车的经销商与厂商都签订了两个合同，即授权经销商合同和代理商合同。代理商合同约定销售的车辆范围只是大众 ID 系列车型。大众汽车代理模式的适用过程中亦出现了相关的问题，引发了对代理模式适用性的进一步探讨与争议，具体如下所述：

第一，成本节约未能落于实处。如前所述，代理商的主要任务在于获客和咨询、试驾、处理交易文件以及与大众汽车协调交付。由于销售价格由主机厂商统一确定，代理商无须与客户进行价格谈判，能大幅简化销售过程并节约经销商的时间和精力成本。但在代理商的实际运营过程中，其工作量并未较此前作为经销商时出现明显减少，而代理佣金则较之前的经销利润大幅下降，较低的代理佣金难以完全覆盖代理商的工作成本。

第二，佣金比例过低。尽管出于商业秘密的考量，无论是大众汽车还是其代理商均未明确透露相关的佣金比例。目前，相关的佣金比例平均值约为 6%，且该佣金由固定佣金和可变佣金两部分组成，其中可变佣金与代理商的销售业绩、客户反馈等方面有关。

第三，大量的前期投资无法摊销。由于代理模式下新能源车的店铺设置与展厅布置要求与传统授权经销模式存在较大的差异，代理商需对其店铺展厅进行重新装修和布置，否则不仅难以吸引顾客，也不符合主机厂商的要求，而大量的前期投资如果由代理商承担的话，则其无法以较低的佣金收入来摊销相关的投资成本。此外，目前大众汽车的经销商往往拥有双重身份，即同时作为经销商和代理商。随着越来越多的车型进入代理销售模式，授权经销模式下可供摊销前期投资的车型越来越少,这对于经销商而言亦是难以持续的。

综上所述,尽管对于主机厂商而言,代理销售模式将为其带来显著的成本节约与更大的经营控制权;但对于传统经销商而言,代理模式将为其带来较为显著的经营压力。

三、汽车经销模式的变革与趋势

自2018年以来,中国汽车流通市场整体增长开始放缓,导致汽车产业链收入结构发生变动、利润水平下降,促使主机厂商寻求转型之道。大量主机厂商在国内设计并实践了多种新零售渠道模式,以提升品牌影响力、优化消费体验,包括与经销商合作数字化零售门店,以先进设施和数字化体验营造无缝交互的全新客户体验模式;建设自营的多业态综合性线下体验店,这些门店不再单纯聚焦于汽车产品销售,而是与日常生活相结合;开拓线上销售渠道,为消费者提供更加多元化的购车及服务体验。

与此同时,伴随着新能源汽车的兴起,越来越多的产品和渠道有变革的新势力厂商进入市场,形成了新的竞争格局,也加重了对传统主机厂商的竞争压力。此外,由于数字化技术的普及,消费者对线上服务的需求提升,且更加追求个性化和便捷的体验。

因此,面对市场趋势,新销售模式在开拓中不断革新与完善,逐步走出一条开拓之路;而经销商则需在变革中走出一条破局转型之路,以应对新销售模式的冲击。

(一)新销售模式的开拓之路

鉴于直营模式的重资产属性,实践中完全依赖直营模式的主机厂商仍是少数，多数企业采取了"直营+代理销售"或完全的代理销售模式。伴随着主机厂商对代理模式的推进与变革，其与现有经销商之间亦出现了多类争议与纠纷。而销售模式转变过程中出现的相关问题，也引发了现有经销商对代理模式的担忧与顾虑。具体而言，部分典型问题如下所述：

第一，销售模式转变缺乏公开、透明、公平的程序与磋商过程。部分经销商甚至被主机厂商要求在短短几周时间内完成代理协议的签署，否则将被取消授权经销资格。例如，在澳大利亚，奔驰于2021年6月底正式向经销商发出通知，要求经销商最晚在8月下旬签署奔驰单方提出的协议，如不签署则停止供货。而在德国等欧洲国家中，主机厂商并未遵守在磋商与沟通过程中做出的口头承诺，或在书面协议中附加沟通过程中没有涉及的额外限制。

第二，过往投资在销售模式转变中未能得到充分的补偿。作为授权经销商，现有经销商多已按照授权经销合同的约定进行了大量的前期投资。若主机厂商选择部分或者全部代理销售模式，则现有经销商将难以实现原来合理预期的投资回报，前期投资的回收期将大幅度延长甚至难以收回。而经销商投资过程中为主机厂商带来的品牌增值，多数未能在销售模式转变中取得一定的补偿。此外，代理模式下主机厂商亦将使用或获取经销商所积累的客户数据，这些具有重要商业价值的无形资产多数也未能在销售模式转变中得到充分的补偿或考虑。

第三，代理模式下的佣金比例不合理。在代理模式下，主机厂商将成为市场行为的决策者，包括允许代理商销售哪些产品、如何定价、开展哪些市场活动等，代理商的运营权限受到主机厂商的限制。而在澳大利亚，代理模式下代理商佣金中的30%~50%与销售业绩等变量挂钩，多数经销商认为此种佣金模式并不合理。

综上所述，在销售模式的转变过程中，现有经销商与主机厂商之间就代理模式仍存在着较大的争议与纠纷。出于上述担忧与顾虑，一些国家的现有经销商选择向相关主管部门反映情况并请求协调。例如，在欧盟，相关行业协会通过提交立法建议、向主机厂商发出倡议等多种方式,积极为经销商利益发声。在澳大利亚,经销商则选择私力救济,在过去一年多的时间里,澳大利亚相关经销商分别向本田、奔驰两大汽车厂家发起集团诉讼,要求高额赔偿。

(二)传统授权经销模式的破局之路

面对来自主机厂商、消费者和汽车市场的三重压力,现有的授权经销商应当从多角度出发寻求变革,以应对新销售模式的冲击,继续立足于汽车流通领域。具体而言,经销商可从以下五大角度为切入点,进一步提升业务模式竞争力。

角度一:紧跟市场节奏,持续优化与丰富产品矩阵。对于经销商而言,经销品牌的选择往往直接决定其当前盈利水平和未来增长空间,如何基于现有情况,通过优化品牌矩阵来保障未来可持续增长,也是经销商转型的首要考量。以近年来中国乘用车市场状况为例,乘用车市场整体销量呈现下滑趋势,这主要是非高端车品牌持续走低造成的,而豪华车品牌则仍然保持每年两位数的强劲增长态势。究其原因,主要是需求端的中产崛起与消费升级。如何紧跟市场节奏,持续优化与丰富产品矩阵,将成为决定经销商竞争力的重要因素之一。

角度二:加强合理规划,建立与巩固区域优势。目前多数经销商已形成了颇具规模的经销商集团,在全国拥有大量线下门店。合理规划门店布局,发挥区域组合优势,成为经销商破局所必不可少的一环。建立并形成区域优势,不仅有利于经销商增强与主机厂商的议价能力,保障稳固、长期的合作关系;而且有利于经销商优化统筹区域内渠道布局,拓展和丰富消费者触点,形成规模经济和降低运营成本。

角度三:降低运营成本,提升运营效率。如前所述,新销售模式推行的主要原因在于主机厂商拟降低相关运营成本,并通过代理模式取得更大的价格主动权。受整体经济增速放缓、市场竞争加剧等影响,授权经销模式的盈利水平持续走低。对于经销商而言，识别现有组织结构设置的瓶颈，优化成本结构，增强盈利能力，是应对新销售模式冲击最为有利的手段之一。在汽车销售和与消费者接触的方式上，线下渠道仍然占据主导地位，4S店或线下体验店的地位短时间内难以撼动。然而，传统服务模式已经无法满足新时代消费者的需求，4S店通过创新服务模式提升消费者体验、降低运营成本与提升运营效率势在必行。

角度四：推进数字化、智能化转型。互联网零售模式下，消费者更加注重个性化且便捷的内容、产品与服务。与此同时，线上渠道已成为消费者主动获取汽车信息与资讯最重要的渠道，经销商自身及其业务模式的数字化、智能化转型是破局的必经之路。对于经销商而言，其不仅需要面临消费者购车、用车、了解车的偏好变化，还需要配合主机厂商的数字化、智能化升级过程。因此，经销商在通过推动数字化、智能化转型的过程中，应当围绕客户体验与业务流程来重点展开。

角度五：拓宽合作伙伴，孵化新业务。跨行业、跨生态的新零售模式正在全球范围内获得越来越多消费者的认可，也成为经销商提升自身竞争力的重要手段之一。传统的汽车销售包含的主要内容是车型展示与试乘试驾，而随着智慧生活概念的不断深入，注重人机交互的智能汽车将成为智慧生活的重要组成部分。此外，如何在现有新车经销服务的基础上孵化与拓展新业务，避免业务单一性，也将成为经销商重点规划的未来发展方向之一。

（三）未来汽车经销模式趋势研判

回顾汽车授权经销模式20余年的发展历程可以看出，该模式的产生及蓬勃发展带着时代的背景和历史的深深烙印。目前，传统经销商所构建的4S店销售模式仍然是汽车流通领域的中坚力量。在新零售模式的冲击下，很多传统主机厂商在不断做出努力以弥补传统4S店的弊端。例如，部分主机厂商与经销商在传统4S店的基础上增加了两个属性——Social（社交）与Share（分享)，在人文层面与消费者建立互动和交流，进一步将经销模式贴近消费者需求。此外，传统的经销商在过去20余年间建立起来的专业品牌形象短时间内很难被撼动，大部分消费者表示仍然倾向于从经销商处获取汽车购买的相关信息。线下实体店提供的试驾服务、多样化的车型选择等消费体验是线上平台很难满足的。

对于直营模式而言，其具有优化消费体验、打造消费闭环、获取消费者信息、快速反应市场需求等优势与特点。然而，随着汽车销售渠道的下沉，一、二线城市的汽车市场逐步趋于饱和，未来的汽车消费主力将逐渐向三、四、五线城市人群转移。主机厂商若想在全国范围内布局直营店，则需要花费极为高额的人力与物力，加上现阶段新能源厂商的车辆交付时间普遍较燃油车更长，针对直营店所作出的前期投资成本将难以在短期内收回，主机厂商将面临长期的亏损状况，而这也对主机厂商的流动资金储备提出了非常大的挑战。

对于代理模式而言，欧盟在修订《纵向协议集体豁免条例》与《纵向限制指南》之后，又就《机动车整车豁免条例》（MVBER）和《汽车业纵向协议集体豁免条例》相关修改稿征求意见，后续反垄断监管的强度尚待观察。在澳大利亚，经销商针对部分主机厂商提起了集体诉讼，目前相关诉讼仍处于未决环节。因此，在现行代理模式下，现有经销商与主机厂商之间在代理模式上仍存在着较大的争议与纠纷。

综上所述，汽车属于耐用品，具有消费频次低、消费单价高、售后服务需求较长、产品使用周期长、用户黏性高的特点。目前，纯线上销售、线下体验店包括商超体验店等新销售模式能够在一定程度上改善消费者在前端的体验，但总体而言售后支持水平相比于传统4S店模式较弱，存在一定的弊端。传统4S店模式作为汽车行业发展中的历史性选择，在当下仍然具有一定的竞争优势，以授权经销模式为主导的销售网络仍是目前汽车流通领域的主流选择。

图片来源：MIdjourney 制作。

第四章 中国汽车销售模式的发展及展望

一、中国汽车销售监管规则概述

（一）与汽车销售相关的法律

1.《中华人民共和国产品质量法》

尽管汽车产品质量通常由主机厂商保证并承担相应责任，但汽车经销商进行汽车销售的行为也可能受到《中华人民共和国产品质量法》（以下简称《产品质量法》）的规制。根据《产品质量法》的相关规定，汽车经销商作为产品销售者亦负有"建立健全内部产品质量管理制度，严格实施岗位质量规范、质量责任以及相应的考核办法"和"承担产品质量责任"的义务。此外，《产品责任法》不仅规定了销售者应当负责修理、更换、退货或赔偿损失的相关情形，并对销售者应承担损害赔偿责任的情形予以明确。

结合实践来说，汽车业较为常见的可能触犯《产品质量法》的情形主要包括：①汽车经销商在售车过程中为赚取高额利润，以质量相当的配件、再制造件、回用件等部件偷换整车的原车部件，截留所售整车原车部件的行为；②汽车经销商没有尽到进货查验责任，购入原车部件被替换的整车进行销售的行为；③若汽车销售商明知所售新车存在质量问题，或者将其他消费者退换的车辆进行维修后作为新车进行销售，相关行为可能被认定为以次充好，或者以不合格商品冒充合格商品，均属于欺诈性行为，需承担相应的民事责任、行政责任甚至刑事责任。当前，《产品质量法》正在修订过程中，拟将纳入、完善召回制度等相关规定，后续对行业的影响有待进一步观察。

2. 《中华人民共和国消费者权益保护法》

直接向消费者进行销售的汽车经销商还受到《中华人民共和国消费者权益保护法》（以下简称《消费者权益保护法》）的约束。目前而言，授权4S店销售模式仍是在中国占据绝对主导地位的汽车流通模式。因此，部分汽车经销商利用信息不对称，对消费者实施的捆绑销售、指定保险、高额售后、强制金融等问题可能受到《消费者权益保护法》的规制。

结合《消费者权益保护法》和《产品质量法》的规定，国家市场监督管理总局于2021年颁布了《家用汽车产品修理更换退货责任规定》（以下简称新《汽车三包规定》），相较于2013年版的《家用汽车产品修理、更换、退货责任规定》，新《汽车三包规定》大幅提升了对消费者合法权益的保护力度，并对经营者提出了更加严格的三包责任要求，有利于促使主机厂商与汽车经销商不断提升产品质量和服务水平。具体而言，新《汽车三包规定》主要增加了以下内容：①新增了7日可退换条款，家用汽车自三包有效期起7日内，出现因质量问题需要更换发动机、变速器、动力蓄电池、行驶驱动电机或者其他主要零部件等情形的，销售者应当按照消费者的选择予以免费换车或者退车；②明确汽车销售者在为消费者退换车时，应当赔偿消费者的车辆登记费、加装装饰费、相关服务费等损失，并通过降低使用补偿系数，进一步减少消费者退换车时向销售者支付的使用补偿费；③要求主机厂商在三包凭证上明示家用纯电动汽车、插电式混合动力汽车的动力蓄电池容量衰减限值，供消费者在选购车辆时参考；④规定生产者、销售者、修理者等经营者不得限制消费者自主选择对家用汽车产品进行维护、保养的企业，并将其作为拒绝承担三包责任的理由；⑤加大违法行为处罚力度，对故意拖延或无正当理由拒绝承担三包责任的经营者，明确依照《消费者权益保护法》第五十六条的有关规定实施处罚。

3.《中华人民共和国反垄断法》

反垄断法是保护市场竞争、维护市场竞争秩序、充分发挥市场配置资源基础性作用的重要法律制度，也是市场经济国家调控经济的重要政策工具和手段。反垄断法的"三大支柱"分别为：禁止垄断协议、禁止滥用市场支配地位和控制经营者集中。

垄断协议，是指排除、限制竞争的协议、决定或者其他协同行为。经营者达成垄断协议是经济生活中一种最常见、最典型的垄断行为，往往造成固定价格、划分市场以及阻止、限制其他经营者进入市场等排除、限制竞争的后果，对市场竞争危害很大。2022年《中华人民共和国反垄断法》（以下简称《反垄断法》）修订后，除原有的横向垄断协议行为（《反垄断法》第十七条）与纵向垄断协议行为（《反垄断法》第十八条）类型外，新增"经营者不得组织其他经营者达成垄断协议或者为其他经营者达成垄断协议提供实质性帮助"（《反垄断法》第十九条）。此外，在纵向垄断协议行为的规制中，《反垄断法》进一步明确以下两项内容：①如经营者能够证明相关固定转售价格和限定最低转售价格行为不具有排除、限制竞争效果，则相关行为不予禁止；②对于纵向垄断协议行为设置"安全港"，如果经营者能够证明其在相关市场的市场份额低于国务院反垄断执法机构规定的标准，并符合国务院反垄断执法机构规定的其他条件的，则相关行为不予禁止。

市场支配地位是指一个经营者或者几个经营者联合在相关市场中具有能够控制商品价格、数量或其他交易条件，或者能够阻碍、影响其他经营者进入相关市场能力的市场地位。一般来说，具有市场支配地位的经营者都是市场份额较大、实力较雄厚的大公司、大企业。虽然各国反垄断法一般都不禁止经营者通过竞争取得市场支配地位，但都禁止具有市场支配地位的经营者滥用其市场支配地位排除、限制竞争的行为。

经营者集中是指经营者合并、经营者通过取得其他经营者的股份、资产以及通过合同等方式取得对其他经营者的控制权，或者能够对其他经营者施加决定性影响的情形。在市场经济条件下，经营者集中是较为普遍的现象。在经营者规模普遍较小的情况下，经营者集中有利于促进经营者之间人力、物力、财力以及技术方面的合作，有利于提高经营者的规模经济状况和市场竞争力。但是如果经营者集中规模过大，特别是在因集中导致市场独占和垄断的情况下，经营者的规模优势就可能会对市场竞争产生不利的影响，与社会公共利益不协调。因此，各国反垄断法都对经营者集中实行必要的控制，防止因经济力量过于集中而影响市场竞争。

就汽车行业而言，自我国《反垄断法》于2008年正式实施以来，汽车业反垄断一直是执法重点之一，包括宝马、克莱斯勒、奔驰、一汽大众、东风日产、上汽通用、长安福特在内的多家主机厂商及经销商被处以高额的反垄断行政处罚，所涉及的主要行为是就整车销售价格、售后服务价格等形成的横向垄断协议与固定整车转售价格的纵向垄断协议。

4.《中华人民共和国反不正当竞争法》

《中华人民共和国反不正当竞争法》（以下简称《反不正当竞争法》）的立法目的是保护其他竞争者的合法权益免受恶意竞争的侵害，其所规定的典型不正当竞争行为包括：商业混淆行为、商业贿赂行为、虚假或引人误解的商业宣传、侵犯商业秘密行为、不合理的有奖销售、商业诋毁行为和互联网不正当竞争行为。《反不正当竞争法》调整的是同一市场中竞争者之间的关系。市场中所有的竞争者，不论其市场力量如何，都须遵循《反不正当竞争法》的规定，维护市场公平竞争秩序。

就汽车销量领域而言，根据近年来的执法案例，受到反不正当竞争执法部门重点关注的行为包括：①在商业车贷、汽车担保、旧车置换、车损定价等方面给付或者收受商业贿赂的行为；②汽车经销商利用新闻媒体、网络平台、店堂告示、宣传彩页、新车发布、现场推介等形式对汽车油耗、配置、功能、性能以及相关主要数据和降价促销信息等进行虚假标识或虚假宣传的行为。

5.《中华人民共和国价格法》

授权经销模式下，独立的汽车经销商通常具有自主定价的权利，但其定价行为受到《中华人民共和国价格法》（以下简称《价格法》）的约束。根据《价格法》第十四条的相关规定，定价不仅应当遵循公平、合法和诚实信用的原则，而且不得有不正当的价格行为，具体包括：①相互串通操纵市场价格，损害其他经营者或者消费者的合法权益；②为了排挤竞争对手或者独占市场，以低于成本的价格倾销，扰乱正常的生产经营秩序，损害国家利益或者其他经营者的合法权益；③捏造、散布涨价信息，哄抬价格，推动商品价格过高上涨的；④利用虚假的或者使人误解的价格手段，诱骗消费者或者其他经营者与其进行交易；⑤提供相同商品或者服务，对具有同等交易条件的其他经营者实行价格歧视；⑥采取抬高等级或者压低等级等手段收购、销售商品或者提供服务，变相提高或者压低价格；⑦违反法律、法规的规定牟取暴利。

在汽车销售的场景中，常见的违反《价格法》的行为主要包括：①汽车销售企业利用消费者急需用车的心理，要求消费者在原销售指导价的基础上多交一部分费用，否则不提供车辆或让消费者无限期等待，如收取加急费、强制购买保险、强制购买汽车装潢等；②不按规定的内容和方式进行明码标价，如给购车者提供装潢服务过程中，其服务项目中包含的零配件未在展厅展示和标价等；③设立金融服务费、出库费、保管费等其他收取费用的项目等。

（二）与汽车销售相关的法规制度

1.《汽车销售管理办法》

长期以来，中国汽车行业的发展理念存在重生产、轻流通的现象，汽车销售和服务体系建设相对落后，制约了汽车产业的健康、高速发展。在此背景下，商务部、国家发展和改革委员会、原国家工商与行政管理总局于2004年联合发布了《汽车品牌销售管理实施办法》。《汽车品牌销售管理实施办法》要求经销商销售汽车必须获得品牌授权，确立了汽车品牌授权销售体制，对于中国这个全球最大的汽车消费市场来说，这在市场销售的秩序和售前、售后的服务规范化方面起到了良好的约束作用，即4S店有统一服务标准。而《汽车品牌销售管理实施办法》也成为中国授权经销制度模式下主机厂商处于强势地位的根源，具体理由如下所述：

第一，品牌授权系经销商市场进入的必要条件。根据《汽车品牌销售管理实施办法》的相关规定："本办法所称汽车品牌销售，是指汽车供应商或经其授权的汽车品牌经销商，使用统一的店铺名称、标识、商标等从事汽车经营活动的行为"，"境外汽车生产企业在境内销售汽车，须授权境内企业或按国家有关规定在境内设立企业作为其汽车总经销商，制定和实施网络规划"，"对未经汽车品牌销售授权或不具备经营条件的企业，不得提供汽车资源"。这意味着除主机厂商的直营销售外，授权经销模式是中国允许的唯一汽车流通模式，且无法通过销售平行进口的汽车来对授权经销商及其汽车供应商形成有效的竞争约束。

第二，主机厂商成为汽车经销市场的规划者。根据《汽车品牌销售管理实施办法》第五条："汽车供应商应当制定汽车品牌销售和服务网络规划（以下简称网络规划）。网络规划包括：经营预测、网点布局方案、网络建设进度及建店、软件和硬件、售后服务标准等。"有鉴于此，主机厂商能够在建店选址、建店规模、销售地域和客户、售后原厂配件的排他供应和流通等方面对授权经销商施加实质性的影响。

第三，主机厂商能够实质性干预汽车经销市场的竞争。根据《汽车品牌销售管理实施办法》的相关规定，一方面，主机厂商对于经销商的选择具有绝对的决策权，通过对授权范围的设定，主机厂商可以实现地域划分或施加

第四章
中国汽车销售模式的发展及展望

售后限制,并对汽车经销商的整车销售、汽车保养和维修、零部件销售等经营活动进行干预。另一方面,汽车供应商对下游经销市场的结构具有重要影响。根据《汽车品牌销售管理实施办法》的相关规定:"汽车品牌经销商不得以任何形式从事非授权品牌汽车的经营","除非经授权汽车供应商许可,汽车品牌经销只能将授权品牌汽车直接销售给最终用户"。有鉴于此,汽车经销商无法通过代理的方式销售同品牌或其他品牌的汽车。且主机厂商通常倾向于选择愿意接受单一品牌的独家经销商,所以在早期中国的汽车经销商通常只能销售一种品牌。加之经销网络层级的设置权限在于主机厂商,汽车经销商不能灵活选择自身的客户。

第四,主机厂商的市场力量能够延伸至汽车售后服务市场。《汽车品牌销售管理实施办法》第二十五条规定:"汽车品牌经销商应当在汽车供应商授权范围内从事汽车品牌销售、售后服务、配件供应等活动。"有鉴于此,实践中主机厂商能够对经销商的汽车售后服务和汽车零配件销售施加多种限制。例如,要求经销商仅能从汽车供应商或其指定渠道购买原厂配件,不得从其他渠道购买质量相当的非原厂配件;要求经销商只能将原厂配件销售给用于售后维修保养的终端消费者,不得向最终用户单独出售配件,更不得向独立的零部件经销商销售,由此杜绝原厂配件"二级市场"的产生;要求经销商按品牌区分配件供应市场,对不同品牌客户实施价格歧视。

然而,随着中国经济社会的发展,这种汽车销售品牌授权的单一体制已不能适应市场发展的需求,且主机厂商对经销商在建店选址、建店规模、销售量、压库和搭售、转售价格、销售地域和客户、售后原厂配件的排他供应和流通等方面的不合理限制均可能涉嫌相应的垄断问题。此外,各大主机厂商构建了以4S店为主体的汽车流通网络,虽然在市场规范化方面已经达到了良好的状态,但由于渠道过于单一也渐渐失去了市场竞争力,这样就会伴有商品流通效率不高、零件供应关系失衡等问题。因此,商务部于2017年正式发布并实施《汽车销售管理办法》以替代原有的《汽车品牌销售管理实施办法》，也正是为了打破品牌授权销售单一体制，从而再次挖掘汽车市场活力。具体而言，《汽车销售管理办法》从以下四个方面进行了革新：

第一，授权经销模式不再是唯一法定的汽车经销模式，授权销售和非授权销售两种模式可以并行。《汽车销售管理办法》第十二条规定："经销商出售未经供应商授权销售的汽车，或者未经境外汽车生产企业授权销售的进口汽车，应当以书面形式向消费者作出提醒和说明，并书面告知向消费者承担相关责任的主体。"该条款赋予了非授权经销商和平行进口经销商参与汽车经销市场竞争的资格，扩大了汽车经销主体的范围。

第二，加强对汽车经销商独立性的保护，抑制主机厂商不正当干预汽车经销市场的竞争。《汽车销售管理办法》注重对汽车经销商权利的保护："供应商可以要求经销商为本企业品牌汽车设立单独展区，满足经营需要和维护品牌形象的基本功能，但不得对经销商实施下列行为：①要求同时具备销售、售后服务等功能；②规定整车、配件库存品种或数量，或者规定汽车销售数量，但双方在签署授权合同或合同延期时就上述内容书面达成一致的除外；③限制经营其他供应商商品；④限制为其他供应商的汽车提供配件及其他售后服务；⑤要求承担以汽车供应商名义实施的广告、车展等宣传推广费用，或者限定广告宣传方式和媒体；⑥限定不合理的经营场地面积、建筑物结构以及有偿设计单位、建筑单位、建筑材料、通用设备以及办公设施的品牌或者供应商；⑦搭售未订购的汽车、配件及其他商品；⑧干涉经销商人力资源和财务管理以及其他属于经销商自主经营范围内的活动；⑨限制本企业汽车产品经销商之间相互转售。"《汽车销售管理办法》通过有限列举的方式对主机厂商不得针对经销商实施的不正当限制行为进行列举，进一步限缩主机厂商将其市场力量向汽车经销市场、汽车售后服务市场延伸的能力与可能性。

第三，强调对授权经销商利益的保护。与《汽车品牌销售管理实施办法》保持一致，《汽车销售管理办法》仍要求除双方合同另有约定外，供应商在经销商获得授权销售区域内不得向消费者直接销售汽车。除此之外，《汽车销售管理办法》进一步明确了授权期限，即"授权期限（不含店铺建设期）一般每次不低于3年，首次授权期限一般不低于5年"，以此保护汽车经销商依据对建设经销网络的投入所应获得的收入；进一步规定了主机厂商在授权合同终止时的回购义务，即"未违反合同约定被供应商解除授权的，经销商有权要求供应商按不低于双方认可的第三方评估机构的评估价格收购其销售、检测和维修等设施设备，并回购相关库存车辆和配件"，以期达到保护经销商权益的目的，避免经销商因与主机厂商体量规模不对等而遭受的损害；进一步要求主机厂商不得通过实施营销奖励的方式来损害经销商的利益，即"供应商制定或实施营销奖励等商务政策应当遵循公平、公正、透明的原则。供应商应当向经销商明确商务政策的主要内容，对于临时性商务政策，应当提前以双方约定的方式告知；对于被解除授权的经销商，应当维护经销商在授权期间应有的权益，不得拒绝或延迟支付销售返利"。

第四，强调在汽车销售和售后服务的过程中对消费者权益的保护。根据《汽车销售管理办法》的相关规定，出售家用汽车产品的经销商应当在经营场所明示家用汽车产品的"三包"信息；售后服务商应当向消费者明示售后服务的技术、质量和服务规范；供应商、经销商不得限定消费者户籍所在地，不得对消费者限定汽车配件、用品、金融、保险、救援等产品的提供商和售后服务商，但家用汽车产品"三包"服务、召回等由供应商承担费用时使用的配件和服务除外；经销商销售汽车时不得强制消费者购买保险或者强制为其提供代办车辆注册登记等服务。

综上所述，《汽车销售管理办法》在原有《汽车品牌销售管理实施办法》的基础上吸收了《反垄断法》与《消费者保护法》的立法目的与部分内容，顺应了中国经济发展形势，打破了原单一授权销售模式的局面，引入了非授权销售、平行进口、多品牌销售、纯粹的汽车销售等多种销售模式，为汽车经销市场注入了强大的竞争活力。

2.《关于汽车业的反垄断指南》

2019年1月4日，国务院反垄断委员会正式发布《关于汽车业的反垄断指南》(以下简称《汽车反垄断指南》)。作为专门适用于汽车业的一项重要规范性文件，尽管《汽车反垄断指南》并不具有强制性的法律约束力，但仍依据《反垄断法》的相关规定及反垄断执法机构所积累的执法经验，对汽车业反垄断问题作出了非常具体且有针对性的规定，颇具操作性。因此，《汽车反垄断指南》对于汽车流通领域的经营者提高自身合规水平以及反垄断执法机构在汽车领域的执法均具有重要的指导意义。具体分述如下：

关于垄断协议的豁免部分，《汽车反垄断指南》认为执法实践和理论研究表明，在相关市场占有 30% 以下市场份额的经营者有可能被推定为不具有显著市场力量[①]，因而其所设置的纵向地域限制和客户限制可以推定适用《反垄断法》第二十条的豁免条款。

关于横向垄断协议部分，《汽车反垄断指南》认为汽车业的横向垄断协议问题与其他行业并不存在显著差异。特别强调的一点是，新能源汽车研发与生产过程中的横向协议，可以使经营者分担投资风险、提高效率、促进社会公共利益，如能证明前述效率增进及促进竞争效果，则亦可适用《反垄断法》第二十条的豁免条款。

关于纵向垄断协议部分，《汽车反垄断指南》用较大篇幅对汽车业纵向垄断协议问题进行了具体规定。汽车业纵向协议的反垄断规制在各大经济体均是重点和难点。汽车市场产业链长、附加值高，从初装、新车经销、售后到二手车流通涉及利益方众多。加之汽车作为大宗耐用品在售出后对客户产生显著的锁定效应，汽车市场纵向垄断协议适用《反垄断法》通常会涉及复杂的法律、经济和事实分析，因而成为《汽车反垄断指南》的重点关注对象。具体而言，汽车业纵向垄断协议的表现形式可分为：①固定转售价和限定最低转售价；②建议价、指导价和限定最高价；③地域限制和客户限制；④通过质量担保条款对售后维修服务和配件流通施加间接的纵向限制；⑤有

---

① 国务院反垄断委员会. 关于汽车业的反垄断指南 [EB/OL]. https://www.samr.gov.cn/zw/zfxxgk/fdzdgknr/fldj/art/2023/art_c349cba8055045c197efcef5d84e8182.html.

第四章
中国汽车销售模式的发展及展望

关经销商和维修商销售与服务能力的其他纵向限制。其中，固定转售价格和限定最低转售价格以及地域限制和客户限制是需要重点关注的内容。具体分述如下：

第一，固定经销商转售价格和限定其最低转售价格仍系汽车业高风险行为。转售价格限制的负面效应主要表现在维持高价、促进横向共谋、削弱品牌间竞争和品牌内竞争、排斥竞争者等方面。若经营者能够证明该等价格限制不会严重限制相关市场竞争，并且能够使消费者分享由此产生的利益，则可主张个案豁免。汽车业实践中常见的个案豁免情形包括：新能源汽车为促进新品上市短期（9个月）内的转售价格限制，在汽车供应商与第三人直接达成交易的情况下，仅负责交车、收款等交易环节的经销商相关转售价格限制，政府采购中的转售价格限制，汽车供应商在电商销售中的转售价格限制。

第二，明确地域限制和客户限制的竞争分析逻辑与内容。对于《反垄断法》并未明确禁止的地域限制和客户限制，《汽车反垄断指南》首次明确了地域限制和客户限制的定义，并指出其可能削弱品牌内竞争、分割市场、形成价格歧视的反竞争效果，以及提高经销效率的促进竞争效果，并进一步细化了通常符合个案豁免条件的地域限制与客户限制的情形：①约定经销商仅在其营业场所进行经销活动，但不限制该经销商的被动销售，也不限制经销商之间交叉供货；②限制经销商对汽车供应商为另一经销商保留的独占地域或专有客户进行主动销售；③限制批发商直接向最终用户进行销售；④为避免配件被客户用于生产与汽车供应商相同的产品，限制经销商向该类客户销售配件。与此同时，《汽车反垄断指南》排除了一些不能主张豁免的情况：限制经销商的被动销售；限制经销商之间交叉供货以及限制经销商和维修商向最终用户销售汽车维修服务所需配件。

关于滥用市场支配地位部分，《汽车反垄断指南》对汽车配件生产与流通以及汽车售后市场表现出了重点关注。汽车制造是汽车业发展的核心，具有显著的规模经济和范围经济效应,是整个产业链的最关键环节。因此,汽车业相关市场客观上形成了以主机厂商为核心的生态圈,主机厂商天然处于强势地位,汽车经销商和配件供应商处于从属地位。目前,中国新车销售市场竞争较为激烈,但汽车售后市场客观存在的锁定效应和兼容性问题可能限制和削弱有效竞争、损害消费者利益。执法实践与理论研究表明,在新车销售市场上不具有支配地位的主机厂商,在其品牌汽车售后市场上有可能被认定为具有支配地位。进一步地,《汽车反垄断指南》阐述了汽车业常见的三类滥用市场支配地位行为:①明确提出汽车供应商无正当理由,不应限制配件制造商生产双标件;②不应限制经销商和维修商外采和外销售后配件;③不应限制售后维修技术信息、测试仪器和维修工具的可获得性。

综上所述,《汽车反垄断指南》主要关注的市场为汽车经销(包括批发与零售)、售后配件经销、售后维修保养,并通过明确汽车业中相关市场界定、垄断协议、滥用市场支配地位、滥用行政权力排除限制竞争以及其他竞争问题的具体规则来为汽车业反垄断规制与汽车业经营者的合规行为提供指引。

(三)与汽车行业相关的产业政策

汽车产业是我国国民经济的支柱产业,国家的汽车产业政策亦根据经济发展水平与汽车行业发展趋势不断推陈出新。具体来看,与汽车行业有关的产业政策如表4-1所示。

表4-1 中国现行的汽车行业产业政策

序号	发布时间	发布机构	产业政策名称	产业政策概述
1	2009年1月	国务院	《汽车产业调整和振兴规划》	强调加快汽车产业调整和振兴,必须实施积极的消费政策,稳定和扩大汽车消费需求,以结构调整为主线,推进企业联合重组,以新能源汽车为突破口,加强自主创新,形成新的竞争优势

第四章 中国汽车销售模式的发展及展望

续表

序号	发布时间	发布机构	产业政策名称	产业政策概述
2	2014年9月	交易运输部、国家发展和改革委员会等10部门	《关于促进汽车维修业转型升级提升服务质量的指导意见》	推动汽车维修业基本完成从规模扩张型向质量效益型的转变，市场发育更加成熟，市场布局更趋完善，市场结构更趋优化，市场秩序更加公平有序，市场主体更加诚信规范，资源配置更加合理高效，对汽车后市场发展引领和带动作用更加显著；基本完成从服务粗放型向服务品质型的转变，为人民群众提供更加诚信透明、经济优质、便捷周到、满意度高的汽车维修和汽车消费服务
3	2015年9月	国务院	《关于加快电动汽车充电基础设施建设的指导意见》	充电基础设施是指为电动汽车提供电能补给的各类充换电设施，是新型的城市基础设施。大力推进充电基础设施建设，有利于解决电动汽车充电难题，是发展新能源汽车产业的重要保障，对于打造"大众创业、万众创新"和增加公共产品、公共服务"双引擎"，实现稳增长、调结构、惠民生具有重要意义
4	2018年12月	国家发展和改革委员会	《汽车产业投资管理规定》	汽车产业投资项目（包含整车和其他投资项目）调整为由地方发展改革部门实施备案管理。其中，明确汽车整车投资项目由省级发展改革部门实施备案管理
5	2019年3月	国务院	《缺陷汽车产品召回管理条例（2019年修订）》	进一步规范缺陷汽车产品召回，加强监督管理，保障消费者的人身、财产安全。召回是汽车后市场监管的重要手段，在改善产品质量、减少因产品缺陷而带来的安全伤害事故、维护公共安全和消费者权益、推动经济高质量发展等方面发挥着越来越重要的作用
6	2020年7月	工业和信息化部	《新能源汽车生产企业及产品准入管理规定（2020年修订）》	该规定的出台是依法保障人民群众生命财产安全和新能源汽车产品安全的迫切需要。近年来，我国新能源汽车产业快速发展，新能源汽车保有量快速增长。与此同时，不少生产企业的产品质量管控能力不足，产品安全隐患和风险也相应增加。强化新能源汽车产品安全要求，是保障人民群众生命财产安全和公共利益的迫切需要
7	2020年10月	国务院	《关于印发新能源汽车产业发展规划（2021—2035年）的通知》	发展新能源汽车是我国从汽车大国迈向汽车强国的必由之路，是应对气候变化、推动绿色发展的战略举措。与此同时，我国新能源汽车发展也面临核心技术创新能力不强、质量保障体系有待完善、基础设施建设仍显滞后、产业生态尚不健全、市场竞争日益加剧等问题。为推动新能源汽车产业高质量发展，加快建设汽车强国，制定本规划

续表

序号	发布时间	发布机构	产业政策名称	产业政策概述
8	2021年8月	国家互联网信息办公室、国家发展和改革委员会等5个部门	《汽车数据安全管理若干规定（试行）》	作为中国首个对汽车行业的数据安全进行保护的部门规章，其旨在解决：一是随着汽车数据数量的增加和汽车数据处理者收集数据能力的增强，汽车数据处理者过度收集重要数据；未经用户同意，违规处理个人信息，违规出境重要数据等危害汽车数据安全的现象日益突出。二是相关法律已对个人信息和数据安全作出基本规定，有必要在汽车数据安全管理领域出台有针对性的规章制度，明确汽车数据处理者的责任和义务，规范汽车数据处理活动
9	2022年1月	财政部、工业和信息化部、科技部、国家发展和改革委员会	《关于2022年新能源汽车推广应用财政补贴政策的通知》	保持技术指标体系稳定，坚持平缓补贴退坡力度；明确新能源汽车购置补贴政策终止日期，做好政策收尾工作；加强产品安全监管引导，确保质量和信息安全。健全新能源汽车安全监管体系，进一步压实新能源汽车生产企业主体责任
10	2022年7月	商务部等17部门	《关于搞活汽车流通扩大汽车消费若干措施的通知》	汽车业是国民经济的战略性、支柱性产业，为进一步搞活汽车流通，扩大汽车消费，助力稳定经济基本盘和保障改善民生，围绕支持新能源汽车购买使用、加快活跃二手车市场、促进汽车更新消费、推动汽车平行进口持续健康发展、优化汽车使用环境、丰富汽车金融服务六个方面提出了12条政策措施

二、传统4S店授权经销模式下的合规风险

（一）传统4S店授权经销模式的现状及其发展

截至2021年底，中国建立的各品牌汽车4S店大约有29318家。尽管经销商总数有所增加，但其中2021年由于各种原因退网的4S经销商店数达到1379家。2022年前4个月，已经有近1400家4S店退网关停。从近几年来中国汽车4S店数量变化可以看出，新冠疫情、全球芯片问题为汽车经销市场带

来了不小的冲击。

授权经销模式在过去的20多年虽经历了快速的兴起，但面对如今消费者习惯的改变和造车新势力的崛起，授权经销模式的局限性也逐渐凸显。4S店的建设需要高额的投资成本，但其利润水平却不高。一家4S店的建筑面积动辄4000~5000平方米，员工往往有100~200人。此外，由于不同城市土地租赁费、人工费等有所区别，不同4S店运营成本以及利润有所不同。高端品牌的厂商对店面建设、装修的要求更高，因此运营费用和流动资金的投入更高。随着整体行业因素影响，4S店之间竞争日趋激烈，汽车经销商利润不断降低，亦导致了经销商投资与收益的不对等。

2021年3月，若干品牌等被爆出"4S店退网风波"，产生了大量关于新车销售、续保押金退还以及维修保养等投诉，紧接着相关品牌经销商"3·15"期间曾直接被央视点名，被曝光其在店内安装人脸识别摄像头，以获取客户信息。甚至，部分大型经销商集团先后遭遇资金链断裂等问题，甚至发展到破产重组的地步。

尽管如此，授权经销仍然会是中国汽车流通的重要渠道，虽然4S店数量将会进一步收缩，但是会以更多元化的样式呈现。一方面，国内4S店模式建设重点将从原来的统一硬件向统一软件转变。一些新的经营模式将会流行起来，如"专区专设"方式，即汽车销售与售后服务分开，汽车销售部门将主要分布在流动人口多的繁华商区、购物中心或汽车城等地，而汽车售后服务部门则将设在一些稳定的客户群居多的大型居民区等。另一方面，4S店与同一条供应链上的上游厂家和下游"后市场"服务商之间进行协作的纵向联合成为一种必然趋势。所以，可在此基础上建立汽车用品、汽车改装、汽车救援、二手车交易、物流运输、金融服务、出租和租赁、汽车俱乐部、汽车检测、汽车认证等经营和服务业务，从而变单点竞争为专业化、规模化的竞争。

（二）传统经销模式下的典型合规风险

汽车的授权经销模式涉及主机厂商、各级经销商及终端销售的4S门店等多个主体，所产生的复杂法律关系可能引发多方面的合规风险。结合过往司法实践来看，与传统授权经销模式密切相关的典型合规风险，当属产品质量与安全合规以及反垄断合规的问题。

1. 产品质量与安全合规

作为独立的汽车经销商，授权经销商属于《产品质量法》所定义的销售者。根据《产品质量法》相关规定，在产品质量与原说明不符或未被说明的特定情况下，授权经销商对因此受到损失的消费者具有先行赔付的责任，并仅在无过错的情况下有权向生产者或其他责任方追偿。而当授权经销商在存在过错或不能指明相关生产者或供货方的情况下，对造成人身或他人财产损害的缺陷产品应当承担损害赔偿的责任，并且在无过错的情况下，应消费者请求也有先行赔偿的责任。此外，相关产品质量与安全问题亦可能涉及《消费者权益保护法》，如果前述情况同时包括授权经销商对消费者的欺诈行为，将面临商品价款三倍的增加赔偿额，并在造成他人死亡或健康严重受损的情况下面临所受损失二倍以下的惩罚性赔偿。参照典型案例来看，西安市市场监督管理局高新分局曾因某授权经销4S店所销售的车型漏油，认为其相关产品存在质量缺陷，因而对相关多个主体的违法行为分别罚款50万元。

此外，"汽车召回"制度亦是汽车经销商所需面临的另一产品质量与安全合规风险。据国家市场监督管理总局消息，2021年，我国共实施汽车召回232次，涉及车辆873.6万辆，分别比上年增长16.6%和28.8%。从缺陷涉及的总成看，发动机和电子电器是主要缺陷产生部件，占总召回数量的84.3%。因发动机总成缺陷实施召回50次，涉及车辆371.3万辆，占总召回数量的42.5%；因电子电器缺陷实施召回54次，涉及车辆365.0万辆，占总召回数量的41.8%；因制动系缺陷实施召回21次，涉及车辆51.0万辆，占总召回数量的5.8%[①]。

---

① 国家市场监督管理总局缺陷产品管理中心. 关于2021年全国汽车和消费品召回情况的通告［EB/OL］. https://www.cnis.ac.cn/gnbzh/gndt/202203/t20220311_52903.html.

综上所述,从产品质量与安全合规的角度来看,授权经销商应当恪守诚实守信、商业道德等基本原则,严格履行产品质量与安全的相关法律要求与售前检测,积极配合处理相关的汽车召回事项。

2. 反垄断合规

汽车行业是关系到生产生活的重要行业,其产业链较长,上下游业务类型多,加之历史原因导致汽车供应商与经销商之间市场力量差异较大,因而成为中国反垄断执法机构的重点执法领域之一,除已查处大量的典型案例外,还出台了《汽车反垄断指南》,为汽车流通领域的反垄断合规问题提供指引。结合已公布的反垄断行政执法案例来看,横向垄断协议行为和纵向价格限制行为易成为引发《反垄断法》关注的高风险点,而地域限制和客户限制、其他售后服务市场的纵向限制、滥用市场支配地位等行为也可能成为新兴的反垄断风险点。

(1)横向垄断协议行为。

横向垄断协议是指具有竞争关系的经营者之间达成的垄断协议。由于这些经营者在市场经营层次上处于平行关系,所达成的垄断协议对市场竞争的影响是十分明显的,同业竞争者一旦结盟,市场竞争即刻会消失或者被削弱,因此,受到各国反垄断法的严厉规制。我国《反垄断法》下的典型横向垄断协议行为包括:①固定或者变更商品价格;②限制商品的生产数量或者销售数量;③分割销售市场或者原材料采购市场;④限制购买新技术、新设备或者限制开发新技术、新产品;⑤联合抵制交易。

结合典型案例来看,2014年,湖北4家宝马4S店协商一致向消费者收取统一的PDI检测费的横向垄断行为遭到湖北省物价局罚款162万元[①]。2015年,广东省发展和改革委员会对17家东风日产品牌经销商在广州地区所实施的区域价格协议进行了处罚,认定经销商之间达成并实施了固定部分车型销

---

① 参见湖北省物价局行政处罚决定书(鄂价检处〔2014〕23-26号)。

售价格的横向垄断协议，对相关经销商累计处以共计1900余万元罚款①。

（2）纵向价格限制行为。

与前述横向垄断协议不同，纵向垄断协议不以限制同业竞争者的市场竞争为目的，而是以限制上下游经营者之间的交易关系为目的。纵向垄断协议虽然不直接表现为排除、削弱同业经营者之间的竞争，但会限制上下游经营者的经营自由，从而限制上下游各层面的竞争，实际上还是会对市场竞争带来不利的影响。《反垄断法》下典型的纵向价格限制行为包括固定转售价格及限定最低转售价格。《汽车反垄断指南》中还特别指出，如果由于压力或激励，建议价、指导价或最高价被多数或全部经销商所执行，那么在实质效果上等同于转售价格维持，上述建议价、指导价或最高价可能也会被认定为构成转售价格维持。

结合《反垄断法》修订内容以及相关司法案例可知，反垄断执法机构针对纵向价格限制行为的认定要点在于：一是由反垄断执法机构证明相关纵向价格限制行为存在排除、限制竞争效果，若经营者能够证明相关行为不存在排除、限制竞争效果，则反垄断执法机构将不予禁止相关行为；二是经营者在涉案相关市场中的市场份额是否低于国务院反垄断执法机构规定的标准，以及是否符合国务院反垄断执法机构规定的其他条件，如符合则不予禁止相关行为。

结合典型案例来看，2016年，上汽通用因通过发布区域价格通知、市场竞争动态和价格指导公告等方式与经销商达成并实施限定部分车型最低转售价格的行为，而被上海市物价局处以约2亿元的罚款②。2019年，丰田汽车因与经销商达成并实施了固定或限定网络报价和部分车型整车转售价格的协

---

① 广东省发展和改革委员会. 行政处罚决定书［EB/OL］. http：//drc.gd.gov.cn/gkmlpt/content/1/1059/post_1059066.html#870.

② 上海市物价局. 行政处罚决定书［EB/OL］. https：//cclp.sjtu.edu.cn/Show.aspx? info_lb = 672&info_id = 4014&flag = 648.

议而被江苏省市场监督管理局处以 8700 余万元的罚款①。

（3）地域限制和客户限制。

《反垄断法》并未明确禁止经销商限制销售地域和客户，从《汽车反垄断指南》的相关规定来看，经销商可以限制销售地域和客户，但需要满足特定条件。其中，部分地域限制或客户限制行为被认为严重限制竞争而无法适用豁免条款，主要包括：①对经销商被动销售的限制；②限制经销商之间交叉供货；③限制经销商/维修商向最终客户销售配件。具体而言，在判断汽车分销中经销商区域或客户划分风险时，应重点关注涉及售后市场的被动销售和交叉供货限制可能存在的合规风险。

尽管中国反垄断执法机构尚未有单独对施加地域或客户限制的纵向协议的相关反垄断执法案例，但在美敦力转售价格维持案中，国家发展和改革委员会曾指出美敦力同时采取了地域限制、客户限制、排他购买/供给等措施，进一步强化了固定转售价格和限定最低转售价格的实施效果。

（4）其他纵向限制行为。

根据《汽车反垄断指南》的规定，汽车供应商对经销商的其他纵向限制可以再分为两大类：

第一类是关于保修条款的限制，主要表现为汽车制造商利用保修条款，对维修服务及配件施加限制，排斥独立维修商，限制配件流通渠道。这类限制主要包括：以履行保修条款为条件限制非保修范围内的服务需在渠道内完成，对保修范围外的配件要求使用原厂配件，无正当理由限制维修网络对平行进口车提供维修保养服务。

第二类是汽车供应商对经销商/维修商的经营活动的各种干预和限制，主要包括：强制搭售未订购的汽车或售后配件或维修工具等；强制经销商/维修商接受不合理的汽车和配件销售目标、库存品种和数量等；强制要求经销商

---

① 江苏省市场监督管理局. 行政处罚决定书［EB/OL］. https://m.cqn.com.cn/zj/content/2019-12/27/content_7964892.htm.

承担以供应商名义开展的宣传推广活动费用或强制限定宣传推广活动的方式及平台；对经销商/维修商所使用的设计、装修材料和办公设施的品牌、供应商及渠道进行限制；限制经销商经营其他供应商的商品。

（5）滥用市场支配地位。

市场支配地位的产生是市场发展的一种自然现象，无论是根据法律的授权、经营者的成功经营还是通过企业之间的并购产生的市场支配地位本身并不构成违法，法律也不反对这种支配地位的存在。我国《反垄断法》禁止滥用市场支配地位实施垄断价格、掠夺性定价、拒绝交易、强制交易、搭售、实行差别待遇以及反垄断执法机构认定的其他排除、限制竞争的行为。

根据《汽车反垄断指南》的相关规定，在个案中界定汽车售后市场，汽车品牌是需要考虑的一个重要因素。在整体销售市场不具有支配地位的汽车厂商可能在其汽车品牌的售后市场被认定为具有市场支配地位，因而汽车厂商需要对其在相关汽车品牌的售后市场可能构成滥用市场支配地位的行为加以关注。与此同时，《汽车反垄断指南》指出，乘用车零售市场的地域市场可以界定为省级或地区性市场。这种市场界定方法可能会导致在某些情况下相关企业被认定为具有市场支配地位或显著市场力量的风险增加。例如，某些大型经销商集团在省级或地区性范围内的市场份额可能较高；新能源汽车厂商多采取直销模式且在一线城市重点布局，有可能在北京、上海等一线城市具有较高市场份额。

作为盈利点之一，授权经销商通常会提供相应的售后维修服务，因而参与品牌汽车售后市场的竞争。一般而言，在配件的供应及流通环节，在其品牌汽车售后市场具有支配地位的主机厂商不应限制经销商外采售后配件即购买同质配件或从平行进口等其他渠道购买原厂配件。《汽车反垄断指南》中明确指出，实务中，在其品牌汽车售后市场上具有支配地位的汽车供应商，对经销商规定不合理的配件销售目标、库存品种和数量，通常能够实质限制经销商和维修商外采配件。此外，汽车制造商不应限制配件供应商、经销商及维修商外销售后配件,具体包括除代工协议外要求配件全部"返厂",即限制配件供应商向售后渠道以自有品牌供应配件,限制经销商/维修商交叉供应配件及向最终用户销售配件。

三、非传统主机厂商主导直营/代理模式下的合规风险

(一) 非传统主机厂商主导的直营/代理新模式

随着造车新势力的崛起,汽车销售行业开始由传统的授权经销模式转向直营、代理模式。以蔚来与理想为例,截至2021年12月31日,蔚来汽车共在全国设有37家蔚来中心(NIO Houses),此外还在全国142座城市设有321家蔚来空间(NIO Spaces)[1],这些门店不仅是服务用户的线下渠道,而且是蔚来汽车用户社区的线下平台。截至2021年12月31日,理想在全国102座城市拥有206家零售中心,并于204城市运营278家售后维修中心及理想汽车授权钣喷中心[2]。对于主机厂商而言,直营销售模式下其能直接对接客户并获取消费者的信息和反馈,及时对产品进行调整,不仅有助于提升产品的竞争力,而且有助于提升用户对品牌的认可度与满意度。此外,直营销售模式下,主机厂商对价格具有完全的决策权,并且能够在全部自营门店实行统一的服务标准。因此,大量造车新势力纷纷以直营模式作为其市场开拓的主要渠道。

此外,部分传统主机厂商与造车新势力也对代理销售模式进行了有益尝试。所谓代理制销售模式,即主机厂商授权代理商销售汽车,而代理商只负

---

[1] 蔚来汽车.2021年年度报告[EB/OL].https://ir.nio.com/static-files/268f1e78-1672-4fb8-ae41-14ced650e6e5.

[2] 理想汽车.2021年年度报告[EB/OL].https://staticpacific.blob.core.windows.net/press-releases-attachments/1407307/HKEX-EPS_20220419_10215952_0.PDF.

责建店和运营，不需要买断车型或承担库存，主机厂商对价格具有控制权，代理商在汽车销售过程中则只能拿到固定的佣金。小鹏汽车即采用了2S+2S渠道模式，将售前和售后业务分开，使得体验中心和服务中心可以根据自身运营特点进行建店选址，还可以根据业务量调整建店数量。此外，奔驰和吉利携手打造的新车型在渠道建设方面采用的也是以"用户中心、数字驱动"为核心理念的D2C直销代理商业模式。与此同时，永达汽车等传统汽车经销商目前也正大力推进新能源汽车以及豪华车业务的代理制模式建设。

概括来说，无论是直营还是代理销售模式，对于传统授权经销商而言均是重大的冲击。从直营销售模式来看，其完全摒弃了原有的经销渠道，转由主机厂商负责汽车销售工作，主机厂商直接对接与服务终端消费者；从代理销售模式来看，尽管代理商不再承担运营与库存风险，但亦削弱了代理商的话语权与利润率，使代理商更难以有效拓展自身经营规模。

（二）直营/代理模式下的典型合规风险

1. 直营销售模式的典型合规风险

总体来说，在直营销售模式下，主机厂商不仅是汽车供应商，而且直接作为汽车销售商参与市场竞争，甚至由其直接提供相应的汽车售后服务。

在产品质量与安全方面，主机厂商需严格满足《产品质量法》与《消费者权益保护法》项下对其作为汽车产品供应商、销售商角色所应当承担的义务与责任。因此，直营模式下，主机厂商在产品质量与安全方面也将面临更大的合规风险与最高的合规要求。

在反垄断合规方面，作为汽车销售市场、汽车售后服务市场等领域的直接参与者，主机厂商在直营销售模式下应当更加关注其与竞争对手之间的交流与信息交换，避免达成和实施相应的横向垄断协议行为；此外，应重点评估其汽车品牌在相关细分市场的市场力量，如具有或可能具有市场支配地位，则应当对主机厂商所实施的相关市场行为、商业决策施加更高的合规审查要求。

2. 代理销售模式的典型合规风险

参照代理民事法律制度的相关特征，代理销售模式下，代理商受主机厂商的委托授权代表主机厂商进行汽车产品销售工作，其活动所产生的全部法律效果由被代理人（主机厂商）承担。因此，在代理模式下，即使代理商作为中间环节参与汽车销售过程，但仍应由主机厂商承担更多的合规风险。

在产品安全和质量方面，代理销售模式下，由于代理商不再扮演汽车供应商、销售商的角色，其销售活动所产生的全部法律效果由主机厂商承担，因而代理商通常不用承担汽车产品安全与质量方面的责任。同理，代理商并不符合《汽车销售管理办法》所定义的汽车经销商，从而不适用《汽车销售管理办法》对汽车经销商行为的限制。所以，主机厂商需严格满足《产品质量法》与《消费者权益保护法》规定的其作为汽车产品销售商所应当承担的义务与责任，并加强相应的合规风险管理与应对。

在反垄断合规方面，代理销售模式下的代理商与授权经销商所承担的责任是不同的。参考欧盟委员会2022年《纵向限制指南》，如果代理商对委托人所要求从事的行为，仅负担代理行为的一般成本及风险，如人工及场地成本、因未能达成交易而无法取得佣金风险等，而不负担该范围之外的财务或商业风险，此时，委托人对代理商交易行为的限制不受反垄断法下垄断协议的法律规制。尽管我国《反垄断法》并未明确规定代理协议不在其规制范围内，但一般而言可能认为代理商不属于我国《反垄断法》所规定的交易相对人范畴而不受相关条款的规制。因此，在反垄断法项下，代理商角色通常不承担相应的反垄断责任。

然而，对代理商角色的认定具有非常严格的要求，如超出相应要求则可能认为代理商因承担超越其角色的风险，而无法豁免相应的反垄断责任。根据欧盟2022年《纵向限制指南》，只有代理商没有承担或承担了微不足道的财务或商业风险的情况下，才能被认为是可适用豁免条款的代理协议。具体而言，财务或商业风险包括三类：①特定交易风险（如融资风险）；②特定市场投资风险（如市场开拓的沉没成本）；③其他因委托人要求代理人在相关市场从事行为而得代理人自己负担的风险，该部分风险具体包括但不限于承担供应/购买商品或服务的费用、储存商品的费用或风险、产品责任、促销投资、交易特定投资、其他自担费用等。一般而言，若中间商承担了上述某一项风险，则意味着其不单纯是商业交易中的代理商角色，而是以承担商业风险换取商业利益的独立经营者，那么其地位就会等同于授权经销商，受到反垄断法的规制。实务中，这种汽车销售模式被称为"非真正的"代理商模式。这一概念最早出现在2005年。当时，欧盟法院在谈到梅赛德斯-奔驰代理商模式时曾表示，奔驰的代理商模式不是"真正的"代理，因为奔驰代理商必须承担风险。而如前所述，不承担与汽车销售相关的任何商业或财务风险才能构成真正的代理，否则，汽车供应商对所谓"代理商"施加的纵向限制很有可能违反《反垄断法》。

此外，在由授权经销模式向直营/代理模式转变过程中，现有经销商如何取得合理补偿亦成为代理模式推进过程中的一大合规风险。现有经销商通常因代理模式可能导致利润率下降、佣金不足、权利被过度限制等而并不愿意接受代理制。尽管《汽车销售管理办法》对汽车经销商给予了一定的保护，比如规定了授权经销模式下的授权期限，以及汽车供应商在授权合同终止时对库存产品的回购义务。但是，关于经销商"退网"应得到何种程度的补偿以及代理协议下代理商利益的保护在法律上还是一个未知的问题，从目前的情况来看，授权经销模式向代理模式转变过程中必然会引发汽车供应商与汽车经销商之间的激烈博弈，从而带来汽车流通领域法律规则的大变革。

图片来源：MIdjourney 制作。

第五章　主要研究成果与建议

本书对汽车业渠道销售模式的发展历程进行了梳理，并对全球主要经济体的汽车流通模式转变、监管规则变革等域外实践经验予以评估。本书不仅在于探求未来汽车销售模式可能的发展趋势和发展前景，也在于评估中国汽车流通行业的相关商业模式，深入剖析相关模式可能引发的竞争关切和合规难点，为汽车流通行业的健康、稳定、可持续良性发展提供理论支持，进一步巩固产业发展的竞争性格局，助力中国汽车流通行业高质量发展和积极有效参与全球竞争。

一、主要研究成果

（一）主要经济体的汽车销售模式现状分析

就美国而言，其汽车销售模式由特许经销商模式主导，且该模式受到联邦层面和州层面法律的严格保护。目前只有少数州允许电动汽车生产厂商进行直销或通过代理模式销售。美国主要通过特许经营法和反垄断法共同对汽车分销进行监管，一方面，特许经营法旨在解决分散的经销商被主机厂商所要求的投资"套牢"的问题，通过允许纵向地域限制、禁止其他不公平行为来保护特许经销商的利益，协调主机厂商与经销商之间的关系，促进汽车销

第五章
主要研究成果与建议

售网络的发展。另一方面,反垄断监管旨在更广泛地保护汽车行业各个相关市场上的竞争,提高市场效率。而随着新能源汽车在美国的流行和消费者需求的增加,特许经营模式在美国或正面临着更大的挑战。

就欧盟而言,其现行主要汽车销售模式还是以授权经销模式为主,各个层级的经销商的一切经营活动都是为了主机厂商服务,通过合作或产权的方式与整车厂商的利益紧密联系在一起。经销商网络通常由一级销售网点和二级销售网点组成,分别负责汽车销售中的批发和零售环节。而在零售层面,经销商通常在排他性分销、选择性分销或者特许经营的体系下运作。然而,有上百年汽车发展历史的欧洲,由于授权经销商网点过于密集,利润空间逐年减少,经销商利润被摊薄。在此背景下,直销和代理模式或者授权经销与代理的混合销售模式在欧洲大陆也有了新的发展。而在经销模式转变的过程中,德国、奥地利均在成文法或判例法层面确立了对经销商在协议终止的情况下的特殊补偿,而法国和意大利并无此类给予经销商的特殊保护,只要相关有效终止通知是在法定期限内发出的,制造商不需要承担额外的责任。在竞争法层面,欧盟成员国的汽车分销行为均适用于欧盟竞争法的一般规则,而最新修订的欧盟相关竞争规则给汽车分销中非真正代理关系、主动销售限制、双重分销等方面带来了更多的竞争关切。

就日本而言,其汽车销售存在品牌专卖、兼业销售、直销、租赁、网络销售、平行进口等多种销售方式,但品牌专卖方式占据绝对主体地位。这种方式便利了汽车供应商对经销商的控制,品牌内竞争程度被降低,在一定程度上维护了汽车市场上现有竞争者的市场地位。由于这种销售模式的排他性特点,相较于其他法域,日本汽车销售行为更可能引发卡特尔和纵向限制方面的竞争风险。日本汽车销售行为以及涉及的主机厂商与经销商之间的关系在法律层面主要受到反垄断法的关注。为此,日本汽车公平贸易委员会专门制定了相关指南,明确汽车流通领域的竞争政策,对汽车供应商的允许和禁止行为进行具体规定,为汽车供应商和经销商提供可操作性较强的行为指引,以促进汽车流通环节的公平竞争，同时保护消费者权益。

就澳大利亚而言，其新车销售的模式与美国的模式更为相似，均为基于特许经营合同建立的授权经销关系。尽管这种模式下汽车品牌的品牌内竞争相对来说被限制了，但澳大利亚的整车销售与售后服务的捆绑程度不高，消费者在汽车售后市场不存在明显的转换成本，经销商可以在售后层面进行充分的竞争。同时，澳大利亚和美国一样，也有较为严格的特许经营相关强制性法律规范，整车厂商和经销商之间的利益平衡受到专门法规的调整。澳大利亚的《特许经营行为准则》给予被终止合同的经销商充分的补偿，既包括对历史投资的补偿，也包括对未来合理预期收入的补偿。这一规定体现了对经销商在特许经营合同下的特殊保护。与美国不同的是，澳大利亚对直销的限制没有美国严格，因此有不少汽车品牌是在澳大利亚开始推行固定价格和代理销售模式的。

（二）汽车销售模式的变革及发展评估

回顾汽车授权经销模式20余年的发展历程可以发现，该模式的产生及蓬勃发展带着时代的深深烙印。传统经销商所构建的4S店销售模式仍然是汽车流通领域的中坚力量。在新零售模式的冲击下，很多传统主机厂商及其经销商在不断做出努力以弥补传统的4S店的弊端。此外，传统的经销商在过去20余年间所建立起来的专业品牌形象短时间内很难被撼动，大部分消费者表示仍然倾向于从经销商处获取汽车购买的相关信息。线下实体店提供的试驾服务、多样化的车型选择等消费体验是线上平台很难满足的。

就直营模式而言，其具有优化消费体验、打造消费闭环、获取消费者信息、快速反应市场需求等优势与特点。主机厂商可以借助商超体验店的形式迎合市场，以达到品牌宣传与扩大销售的效果。主机厂商能够对价格实现统一管理，使价格信息更为透明，避免市场的价格乱象。与之相应地，在自营模式下，主机厂商需进行大量的前期成本投入，整体投资回收期较长，大量的新能源主机厂商的盈利周期较长。然而，随着汽车销售渠道的下沉，一、二线城市的汽车市场逐步趋于饱和，未来的汽车消费主力将逐渐向三、四、五线城市人群转移。对于主机厂商而言，若想在全国范围内布局直营店，则需要花费极为高额的人力与物力，加上现阶段新能源厂商的车辆交付时间普遍较燃油车更长，针对直营店所做的前期投资成本将难以在短期内收回，主机厂商将面临长期亏损的状况，而这对于主机厂商的流动资金储备也提出了非常大的挑战。

就代理模式而言，主机厂商掌握了定价的主导权，经销商则丧失了部分的运营主动权。代理商所能取得的利润较经销模式更低，这可能会限制代理商扩大运营规模。与之相应地，经销商减少了库存压力，主机厂商需承担对市场供需的预测与库存压力。此外，欧盟在修订《纵向协议集体豁免条例》与《纵向限制指南》之后，亦对《机动车整车豁免条例》（MVBER）和《汽车业纵向协议集体豁免协议》相关修改稿征求意见，其后续影响有待进一步观察。在澳大利亚，经销商针对部分主机厂商提起了集体诉讼，目前相关诉讼仍处于未决环节。因此，现有经销商与主机厂商之间关于代理模式仍存在较大的争议与纠纷，为合规经营带来了巨大挑战。

综上所述，汽车属于耐用品，具有消费频次低、消费单价高、售后服务需求较长、产品使用周期长、用户黏性高的特点。目前以纯线上销售、线下体验店（包括商超体验店形式）为代表的新销售模式能够在一定程度上提升消费者在前端购车时的消费体验，但传统4S店模式作为汽车行业发展中的历史性选择，在当下仍具有一定的竞争优势，以授权经销模式为主导的销售网络仍是目前汽车流通领域的主流选择。但授权经销模式下的经销商及4S店亦需顺应时代发展，推进数字化转型，以消费者角度为切入点进一步提升服务质量。

◇ 汽车销售模式：发展与变革

二、研究建议

（一）聚焦主机厂商的研究建议

2022年以来，中国汽车流通市场仍持续受到新冠疫情和整体经济形势影响，但新能源汽车销售市场逆势而上，新能源汽车渗透率以超出业界想象的速度不断攀升。以蔚来、小鹏、理想、问界为代表的国内造车新势力不断维持其高竞争力，其销售潜力也在不断释放。传统主机厂商方面，以大众、宝马为代表的外资车企及以比亚迪、上汽、长城、广汽为代表的自主品牌加足马力，相继推出新能源旗舰车型。这一发展态势，对传统主机厂商而言机遇与挑战并存。

1. 紧随汽车数字化步伐，保持品牌竞争力

数字化转型对于企业而言有三个层面的重点：一是技术应用，企业应广泛、深入应用新一代信息技术、产业技术、管理技术并实现其融合创新应用，以形成新技术、新产品（服务）；二是模式创新，推动跨部门、跨组织（企业）、跨产业的组织管理模式、业务模式和商业模式等的创新变革，以形成支持创新驱动、高质量发展的新模式；三是数据驱动，将数据作为关键资源和新型生产要素，改造提升传统业务，培育壮大数字新业务，以实现创新驱动和业态转变。对于传统主机厂商而言，产品的数字化转型系当务之急。

从商业模式的角度来看，随着新能源汽车的推广，汽车软硬件在开发、供应及功能发布上逐渐分开，造车壁垒已经由从前的上万个零部件的拼合能力演变成将上亿行代码组合运行的能力。从汽车制造端来看，新能源汽车的重要部件由传统的三大件（发动机、变速箱和底盘）向三电（电池、电机和电控）转变，从根本属性上颠覆了汽车这一典型的"机械产品"。

新能源汽车的盈利模式由硬件向持续赋予车型附加值的软件、系统侧倾斜。以特斯拉为例，特斯拉颠覆整个汽车行业的源头在于其软件驱动。特斯拉使用自研的软件系统，支持其在美国的直销业务，并应对中国及全球其他市场的增长。特斯拉的自研系统是电商系统和后台管理软件的组合，完全定制化开发以支持特斯拉独特的汽车销售和维修流程，这不仅是特斯拉的电子商务网站和自己的展示厅，而且可以处理特斯拉的所有后台功能，如订单处理、供应链管理、制造流程管理、财务会计和销售线索管理。

就目前而言，传统主机厂商在智能化板块的实力不容小觑，但其在汽车物联网、人机交互等板块与造车新势力之间存在较大差距。传统主机厂商如何通过产品企划、产品研发、产品价值链等方面紧随新能源汽车的数字化步伐，在数字化场景下赋予传统汽车品牌全新的生命力，成为传统主机厂商数字化转型的重点。

2. 转变传统汽车营销思路，顺应消费者需求

营销服务的数字化转型是传统主机厂商所面临的第二大挑战。从新能源汽车生命周期的角度来看，价值链向后端软件升级、服务和生活延伸。在新能源汽车的营销模式下，当汽车交付到消费者手中时，营销重心才真正开始，厂商需要在用户的持续使用中，通过跟用户持续互动，不断了解消费者对产品的意见与建议，以提升用户对产品的满意度。

以蔚来为例，其体验式营销广受赞誉，蔚来从八个方面入手为消费者打造体验内容，分别是内容体验、社交体验、生活方式体验、购车体验、用车体验、服务体验、补能体验、换电体验。以社交体验为例，用户一旦成为蔚来车主，即会在蔚来APP以及微信中形成一个13人的专属车主服务群。在服务群里有销售伙伴、服务专员、加电专员，以及各项技术专员和城市总经理。用户在用车过程中有任何问题，都可以在群内进行反馈，马上会有人回复和解决问题。

目前而言，多数传统主机厂商都研制开发了自身APP，但多偏向于功能

层面，用户体验与互动性较为有限。对传统主机厂商来说，其相较于造车新势力最大的优势在于其在燃油汽车阶段所积累的存量用户基本盘。如何在造车新势力的冲击下发挥其在燃油时代积淀的口碑和优势，如何实现汽车营销思路的数字化转型，注重消费者在看车、购车、用车过程中的体验感，顺应消费者需求采用更加高效的直连消费者的销售服务模式以及贴合消费者口味的内容传播和沟通方式，将成为传统主机厂商保持甚至扩大存量用户基本盘的必经之路。

3. 审慎改革汽车销售渠道，注重合规风险

随着造车新势力的异军突起，直营、代理等销售模式再次回到汽车流通行业的视野之中。就直营模式而言，其具有优化消费体验、打造消费闭环、获取消费者信息、快速反应市场需求等优势与特点，成为造车新势力所广泛选择的销售模式。就代理模式而言，其系主机厂商拟在汽车销售渠道获得更多话语权与决策权的尝试，多见于传统汽车的新能源车型销售之中。

从直营模式来看，除个别造车新势力之外，传统主机厂商并未在中国实现从授权经销向直营模式的成功转型。经销渠道作为传统主机厂商在燃油汽车时期所积累的重要资产与优势，系造车新势力所不具备的。转型直营销售模式意味着摒弃现有的销售渠道转而建立新的直营销售渠道，对于传统主机厂商而言，这不仅是终止授权经销协议可能带来的经济赔偿，更是难以预估的渠道损失。

从代理销售模式来看，尽管对于主机厂商而言，代理销售模式将为其带来显著的成本节约与更大的经营控制权，但由于销售模式转变缺乏公开、透明、公平的程序与磋商过程；过往投资在销售模式转变的过程中未能得到充分的补偿；代理模式佣金比例过低等因素的综合作用，引发了多起经销商与主机厂商之间的法律纠纷。

就目前而言，传统主机厂商不仅要对新能源汽车销售模式给整个汽车市场带来的巨大冲击保持清醒认识，更要直面传统汽车销售体系转型升级带来

的机遇和挑战。审慎改革自身汽车销售渠道，评估相应渠道变革的商业风险，避免因销售渠道转换手段的不公平、不透明而引发的合规风险。

（二）聚焦经销商的研究建议

伴随着新能源汽车的兴起，越来越多的颠覆性玩家进入市场，形成新的竞争格局，也加重了经销商的竞争压力。由于数字化技术的普及，消费者对线上服务的需求提升，也更加追求个性化和便捷的体验。近年来在全球范围内，直营、代理等新销售模式的话题引发热议，不同国家推行这类模式的方式有很大不同，也因此产生了各种不同的结果。如何顺应时代发展趋势，应对现实的严峻挑战，突破阻碍成功转型，将成为中国汽车经销商的发展机遇与挑战。

1. 紧跟"新零售"发展趋势，注重角色转型升级

数字化智能技术目前正在不断渗透到汽车营销与服务的各个环节。基于对消费者认知、考虑与购买的关键环节的考量，汽车经销商的转型升级应当落脚于打造智慧门店的数字化技术，包括 AR/VR、人工智能、大数据、物联网等，而这些技术亦是数字化互动、个性化接待与体验、定制化优惠等服务的重要推手。

在汽车销售与消费者的触达方式上，线下渠道仍然占据主导地位，4S店或线下体验店的地位短时间内难以撼动。然而，随着新能源汽车及数字化技术的普及与发展，传统服务模式已经无法满足新时代消费者的需求，汽车经销商应当通过创新服务模式提升消费者体验，降低运营成本与提升运营效率势在必行。近年来，购车客群呈现年轻化的发展趋势，线上营销与品牌宣传对提升产品认知，拓宽营收、获客来源变得越发重要。在这个趋势下，汽车经销商应利用数字化技术围绕客户、生态和数据构建具有自身特色的数字化营销体系，以大数据驱动的数字营销平台实现对客户流量、体验与价值的管理。

此外，在互联网新零售模式下，消费者更为注重个性化且便捷的内容、产品与服务。与此同时，线上渠道已成为消费者主动获取汽车信息与资讯最重要的渠道，经销商自身及其业务模式的数字化、智能化转型是破局的必经之路。对于经销商而言，其不仅需要面临消费者购车、用车、了解车的偏好变化，还需要配合主机厂商的数字化、智能化升级过程。

就目前而言，汽车经销商如何通过精准消费者画像与精准营销、客户全生命周期管理来打造营销智慧化体系，也将成为重塑销售关系的重点。同时，经销商在推动数字化、智能化的新零售转型升级时，应当围绕客户体验与业务流程来重点展开，真正做到降本增效。

2. 注重经销商支撑体系建设，支持转型落地

对于汽车经销商而言，数字化、智能化的新零售转型升级背后，离不开相应的支撑体系。如何转变传统思路，构建适应新零售的支撑体系成为汽车经销商转型落地的重要举措。

第一，汽车经销商应当通过提升精细管理能力、协同工作能力以及客户运营能力来打造效率更高的管理体系，赋能汽车经销商的转型升级。具体而言，汽车经销商一方面应利用信息化系统构建对各业务主体以经营信息、数据为基础的精细化管理体系；另一方面经销商应以数字化、智能化技术为工具，以满足客户需求、实现客户价值为目标，不断提升自身的运营能力。

第二，汽车经销商在新零售转型升级过程中应当注重人才团队的培养与建设。随着新零售转型升级的不断深入，汽车经销商的单一销售角色将彻底转换为多元服务供应商，这对传统的汽车经销商服务模式提出了巨大挑战。新零售模式下，经销商所配备的销售人员不应仅着眼于自己所属的业务板块，而是应当具备从客户角度出发提出一站式服务解决方案的能力。

第三，汽车经销商在转型升级过程中应构建以数据获取、数据治理、数据评估、数据运营以及数据服务为核心的企业数据管理体系。一方面，为配合新零售模式转型，经销商应当为营销、服务、采购、财务、人力等各环节、

各部门间的数据输出、流转提供统一的数字化平台。另一方面，经销商应重视和优化与主机厂商、车辆、消费者和其他第三方合作供应商的数据交互，赋能与提升经销商的营销与服务数字化体系。

3. 注重合规风险的排查与识别，保障成功转型

传统授权经销模式下，汽车销售行为涉及汽车供应商、汽车批发商、汽车零售商、销售者等多个主体，产生的复杂法律关系可能引发多方面的合规风险。根据过往行政处罚情况以及法律纠纷来看，其中与传统授权经销模式密切相关的，当属产品安全与质量合规与反垄断合规两个方面的问题。从产量安全与质量合规的角度来看，作为独立的汽车经销商，授权经销商属于《产品质量法》所定义的销售者，在产品质量与原说明不符或未被说明的特定情况下，授权经销商对因此受到损失的消费者具有先行赔付的责任，并仅在无过错的情况下有权向生产者或其他责任方追偿。从反垄断合规的角度来看，横向垄断协议、转售价格维持等行为容易成为引发《反垄断法》关注的高风险点，而地域限制和客户限制、其他售后服务市场的纵向限制、滥用市场支配地位等行为也可能成为新兴的反垄断风险点。

如前所述，在汽车经销商的转型升级过程中，汽车经销商仍是汽车流通渠道的重要参与环节，前述合规风险亦不会因转型而减少。此外，随着数字化转型的推进以及中国对于数据安全、网络安全和个人信息保护力度的不断加码，汽车经销商还应当在新零售转型升级过程中满足相应的数据安全、网络安全和个人信息安全的监管要求。

因此，汽车经销商在转型升级过程中，不仅应当重视经销商在传统的产品质量与安全、反垄断及市场交易等方面的合规风险，而且应当重点关注数字化转型所带来的数据安全、网络安全和个人信息安全等方面的合规风险。经销商应当严格按照相关法律法规的要求做到诚信合规经营，注重合规风险的筛查与识别，采取及时、有效的措施应对合规风险，以保障经销商的成功转型升级。

（三）聚焦监管侧的研究建议

作为中国国民经济的支柱行业之一，汽车产业一直以来都受到各级政府部门与监管机构的高度关注。近年来，随着汽车行业产销之间、供需之间的矛盾进一步凸显，经销商库存高企，主机厂商与经销商关系日益紧张。此外，新能源汽车兴起带来的销售模式冲击，更是加剧了主机厂商与经销商之间的矛盾。为此，我们建议有关部门应当对汽车流通行业予以高度关注，提供必要的指导与支持，及时疏解相关矛盾，推动汽车流通行业良性发展。

1. 重点关注汽车销售模式转型，提供必要的指导与支持

回顾汽车授权经销模式20余年的发展历程，该模式的产生及蓬勃发展带着历史的背景和时代的深深烙印。传统经销商所构建的4S店销售模式仍然是汽车流通领域的中坚力量。目前，传统主机厂商主要由授权经销模式向代理销售模式转变，而在此销售模式的转变过程中，现有经销商与主机厂商之间关于代理模式仍存在着较大的争议与纠纷。

从目前的情况来看，相关争议与纠纷主要集中于：一是销售模式转变缺乏公开、透明、公平的程序与磋商过程，部分经销商甚至被主机厂商要求在短短几周时间内完成代理协议的签署，否则会被取消授权经销资格。二是过往投资在销售模式转变中未能得到充分的补偿，作为授权经销商，现有经销商大多按照授权经销合同的约定进行了大量的前期投资，主机厂商进行部分或者全部代理销售模式，现有经销商将难以实现原来合理预期的投资回报，前期投入的回收期将大幅度延长甚至难以收回。而经销商投资过程中为主机厂商带来的品牌增值，多数未能在销售模式转变中取得一定的补偿。三是代理销售模式下的佣金比例不合理，在代理模式下，主机厂商将成为市场行为的决策者，包括允许代理商销售哪些产品、如何定价、开展哪些市场活动等，代理商的运营权限受到主机厂商的限制。

就目前阶段而言，汽车经销商仍是汽车流通市场不可或缺的重要力量与

角色。有关政府部门及市场监管部门应当重点关注主机厂商与经销商之间关于销售模式转型的争议与纠纷，避免主机厂商与经销商之间矛盾的进一步扩大，为销售模式转型的合规性、合法性予以进一步的指导，为商业模式的有序转型提供进一步的支持。

2. 为汽车流通在数据安全领域等合规提供指导与培训

近年来，《汽车数据安全管理若干规定（试行）》《智能网联汽车道路测试与示范应用管理规范（试行）》《关于加强智能网联汽车生产企业及产品准入管理的意见》等规定相继出台，也明确了中国构建系统完善的智能汽车法规标准体系的决心。

智能网联汽车的技术发展需要海量的数据作为支撑，数据收集及处理过程中相关的个人隐私保护和数据安全使用等问题也受到社会的重点关注。未来智能网联汽车产业链各环节之间必然会通过自采或数据交互等方式来获取各类相关数据，如何构建智能网联汽车产业数据安全监管体系，以保障数据交互过程中的产业安全，如何建设安全、健康、可持续发展的汽车产业数据生态将是汽车产业必须解决的重要课题。而数据泄露和滥用也将成为汽车数据处理的主要风险点，各环节中的汽车数据一旦疏于监管，将会给产业安全、网络安全、数据安全、公众利益、个人隐私等造成不可挽回的损失。

就目前阶段而言，整体汽车行业数字化转型过程的推进，必然会引发主机厂商、经销商等相关主体对于相关监管要求的不确定与不明确。为保障相关主体的合规经营，更是保障产业安全、网络安全、数据安全、公众的消费利益不受损害，我们建议，有关政府部门及市场监管部门应重点就数据安全及汽车领域新的监管规定对主机厂商、经销商提供指导与培训，协助相关主体提升业务经营的合规性与合法性。

参考文献

[1] CleanTechnica.2021年全球新能源汽车销量榜单［EB/OL］.https：//finance.sina.com.cn/tech/2022-02-06/doc-ikyakumy4515259.shtml.

[2] J.D.Power.2022中国销售服务满意度研究（SSI）［EB/OL］.https：//china.jdpower.com/zh-hans/press-release/2022-SSI.

[3] 艾媒咨询.2020年中国新能源汽车用户基本画像分析［EB/OL］.https：//www.iimedia.cn/c1020/74581.html.

[4] 艾媒咨询.2022年中国新能源汽车行业研究及消费者行为调查报告［EB/OL］.https：//zhuanlan.zhihu.com/p/485872500.

[5] 陈海峰，黄永和，吴松泉.日本的汽车流通政策及立法经验［N］.中国汽车报，2013-12-09.

[6] 反垄断局.国务院反垄断委员会关于汽车业的反垄断指南［EB/OL］.https：//gkml.samr.gov.cn/nsjg/fldj/202009/t20200918_321860.html.

[7] 工业和信息化部.免征车辆购置税的新能源汽车车型目录［EB/OL］.https：//www.miit.gov.cn.

[8] 工业和信息化部.中国汽车产业发展年报（2022）［EB/OL］.https：//www.pishu.cn/zxzx/xwdt/587340.shtml.

[9] 工业和信息化部办公厅，公安部办公厅，交通运输部办公厅，应急管理部办公厅，国家市场监督管理总局办公厅.关于进一步加强新能源汽车企业安全体系建设的指导意见［EB/OL］. http：//www.gov.cn/zhengce/

zhengceku/2022-04-09/content_5684250. htm.

[10] 广东省发展和改革委员会. 行政处罚决定书 [EB/OL]. http：//drc. gd. gov. cn/jggk5598/content/post_ 849625. html.

[11] 国家市场监督管理总局. 关于 2021 年全国汽车和消费品召回情况的通告 [EB/OL]. https：//www. samr. gov. cn/zw/zh/202203/t20220311_340340. html.

[12] 国家市场监督管理总局缺陷产品管理中心. 关于 2021 年全国汽车和消费品召回情况的通告 [EB/OL]. https：//www. samr. gov. cn/zw/zh/202203/t20220311_ 340340. html.

[13] 国务院办公厅. 关于印发新能源汽车产业发展规划（2021—2035年）的通知 [EB/OL]. http：//www. gov. cn/zhengce/content/2020 - 11/02/content_ 5556716. htm.

[14] 国务院反垄断委员会. 关于汽车业的反垄断指南 [EB/OL]. https：//gkml. samr. gov. cn/nsjg/fldj/202009/t20200918_321860. html.

[15] 江苏省市场监督管理局. 行政处罚决定书 [EB/OL]. https：//www. samr. gov. cn/fldys/tzgg/xzcf/202206/P020220620636008856749. pdf.

[16] 交通运输部办公厅. 关于促进汽车维修业转型升级提升服务质量的指导意见 [EB/OL]. https：//xxgk. mot. gov. cn/2020/jigou/ysfws/202006/t20200623_3315061. html.

[17] 理想汽车. 2021 年年度报告 [EB/OL]. https：//staticpacific. blob. core. windows. net/press-releases-attachments/1407307/HKEX-EPS_20220419_10215952_0. PDF.

[18] 梁东, 喻峰. 中外汽车营销模式比较及其对策分析 [J]. 产业与科技论坛, 2006（5）：44-47.

[19] 汽车工程学会. 节能与新能源汽车技术路线图 2.0 [EB/OL]. http：//www. sae-china. org/news/society/202010/3957. html.

[20] 上海市物价局. 行政处罚决定书 [EB/OL]. https：//cclp. sjtu. edu. cn/Show. aspx？info_lb=672&info_id=4014&flag=648.

[21] 苏华. 汽车市场反垄断研究 [M]. 北京：中国政法大学出版社，2017.

[22] 王红娟，刘宇. 美国对汽车流通领域垄断行为的规制及对我国的启示 [J]. 汽车与配件，2013（24）：18-21.

[23] 蔚来汽车. 2021年年度报告 [EB/OL]. https：//ir. nio. com/static-files/268f1e78-1672-4fb8-ae41-14ced650e6e5.

[24] 小鹏汽车. 小鹏汽车开启中国品牌出海2.0模式：携手欧洲头部经销商集团Emil Frey NV、Bilia落地"直营+授权"新零售模式 [EB/OL]. https：//www. xiaopeng. com/news/company_news/4131. html.

[25] 张怀阁. 美日欧汽车销售模式分析及其借鉴 [J]. 汽车与配件，2009（23）：20-22.

[26] 郑红. 汽车销售模式国际比较研究 [M]. 天津：南开大学出版社，2013.

[27] 中保研汽车技术研究院有限公司. 第13期汽车零整比数据 [EB/OL]. http：//www. ciri. ac. cn/anquanzhishu/？type_id=43.

[28] 中国汽车工业协会. 2021年中国汽车工业经济运行报告 [EB/OL]. http：//lwzb. stats. gov. cn/pub/lwzb/tzgg/202205/W020220511403033109667. pdf.

[29] 中国汽车流通协会. 2021-2022年度中国汽车流通渠道发展报告 [EB/OL]. http：//cada. cn/Trends/info_91_9136. html.

[30] 中国汽车流通协会品牌经销商分会. 中国汽车经销商之声调研2022-H2夏季版 [EB/OL]. http：//www. auto-society. com. cn/news/show-3075. html.

[31] 中国驻奥地利大使馆经济商务处. 奥地利人倾向于购买新能源汽车 [EB/OL]. http：//at. mofcom. gov. cn/article/jmxw/202204/20220403302129.

shtml.

[32] 中国驻美国大使馆经济商务处. 美国汽车流通行业基本情况之一：流通概况及特点 [EB/OL]. http：//us. mofcom. gov. cn/article/ztdy/201405/20140500576294. shtml.

[33] Atlas Public Policy. The EV Transition：Key Market and Supply Chain Enablers [EB/OL]. https：//atlaspolicy. com/the－ev－transition－key－market－and-supply-chain-enablers/.

[34] Better Regulation. Commission Regulation （EU） 2022/720 of 10 May 2022 on the Application of Article 101 （3） of the Treaty on the Functioning of the European Union to Categories of Vertical Agreements and Concerted Practices （Text with EEA relevance） （Vertical Block Exemption Regulation－VBER） [EB/OL]. https：//service. betterregulation. com/document/580122.

[35] BoldData. List of Car dealers AustriaList of Car dealers Austria [EB/OL]. https：//bolddata. nl/en/companies/austria/car-dealers/.

[36] BoldData. List of Car dealers in Italy [EB/OL]. https：//boldda-ta. nl/en/companies/italy/car-dealers/.

[37] Business Queensland. The Competition and Consumer Act [EB/OL]. https：//www. business. qld. gov. au/running－business/consumer－laws/competition-consumer.

[38] Car Sales Statistics. 2021 （Full Year） France：New Car Market Overview and Analysis [EB/OL]. https：//www. best－selling－cars. com/france/2021-full-year-france-new-car-market-overview-and-analysis/.

[39] CarDealer. Nissan to Cut Dealers as Part of New 'Reshaping Plans' [EB/OL]. https：//cardealermagazine. co. uk/publish/nissan－to－cut－dealers－as-part-of-new-reshaping-plans/267715.

[40] CCFA. The French Automotive Industry （Analysis ＆ statistics 2019）

[EB/OL]. https://ccfa.fr/wp-content/uploads/2019/09/ccfa-2019-en-web-v2.pdf.

[41] CMS. Distribution Law in Austria [EB/OL]. https://cms.law/en/int/expert-guides/cms-expert-guide-to-distribution/austria.

[42] Concurrences. The Italian Supreme Court rules that the reorganization of the Italian Distribution Network of a Car Manufacturer Does Not Breach Competition Law [EB/OL]. https://www.concurrences.com/en/bulletin/news-issues/october-2016/the-italian-supreme-court-rules-that-the-reorganization-of-the-italian.

[43] David L. BYD Partners with Distributor in Norway [EB/OL]. https://www.just-auto.com/news/byd-partners-with-distributor-in-norway/.

[44] Deloitte. New Trends in the Sales Model of the Automobile Industry: A Global Overview October 2021 [EB/OL]. https://www2.deloitte.com/content/dam/Deloitte/global/Documents/Legal/dttl-legal-automotive-article.pdf.

[45] Deutsches Kraftfahrzeuggewerbe. Zahlen & Fakten [EB/OL]. https://www.kfzgewerbe.de/verband/zahlen-fakten.

[46] European Commission. Guidelines on vertical restraints [J]. Official Journal of the European Union, 2010, 100 (130): 1-46.

[47] Federal Register of Legislation. Competition and Consumer (Industry Codes - Franchising) Regulation 2014 [EB/OL]. https://www.legislation.gov.au/Details/F2021C00644.

[48] Federal Trade Commission. Disclosure Requirements and Prohibitions Concerning Franchising and Business Opportunity Ventures [J]. 16CFR Parts 436 and 437.

[49] Find A Dealer. Toyota Dealer in Norway [EB/OL]. https://www.toyota.com/dealers/maine/norway/dealers/.

[50] Fulda C H. The Automobile Dealer Franchise Act of 1956: A Dissent

[J]. Antitrust Bull., 1956 (2): 367.

[51] Graeme Payne. The Franchise Law Review: United Kingdom [EB/OL]. https://thelawreviews.co.uk/title/the-franchise-law-review/united-kingdom#:~:text=There%20are%20no%20specific%20franchise, and%20the%20franchise%20agreement%20itself.

[52] Hogan L. Automotive in Germany [EB/OL]. https://www.lexology.com/library/detail.aspx?g=198c4ddd-9d1a-41ac-afec-6ae506003f5d.

[53] Hogan L. Automotive in Italy [EB/OL]. https://www.lexology.com/library/detail.aspx?g=f3524948-8d61-4f00-b6ad-6fa1b6987684.

[54] Hogan Lovells. Automobile in Japan [EB/OL]. https://www.lexology.com/library/detail.aspx?g=34c0c790-e3b0-49f8-8e0e-5f4ca3a5b22d.

[55] John M. Austrian Court Favors Dealers–Cartel Court Finds in Favor of Dealer for Economic Abuse of Dominant Position by Peugeot [EB/OL]. https://premium.goauto.com.au/austrian-court-favours-dealers/.

[56] Justia US Law. 10 ME Rev Stat § 1174 (2010 through 124th Legis) [EB/OL]. https://law.justia.com/codes/maine/2010/title10/chapter204/section1174/.

[57] Justia US Law. FL Stat § 320.64 (2012 through 2nd Reg Sess) [EB/OL]. https://law.justia.com/codes/florida/2012/titlexxiii/chapter320/section320.64/.

[58] Konkurranse Tilsynet. Disclosure Requirements for Companies Operating in the Electric Car Charging Market [EB/OL]. https://konkurransetilsynet.no/disclosure-requirements-for-companies-operating-in-the-electric-car-charging-market/?lang=en.

[59] Lafontaine F, Morton F S. Markets: State Franchise Laws, Dealer Terminations, and the Auto Crisis [J]. Journal of Economic Perspectives, 2010, 24 (3): 233-250.

[60] Law & Q&A. Q&A on Agency Agreements [EB/OL]. https://distributionlawcenter.com/documentation/law-qa/qa/norway-q-a-on-agency-agreements/.

[61] Law & Q&A. Distribution Agreements [EB/OL]. https://distributionlawcenter.com/documentation/law-qa/qa/norway-q-a-on-distribution-agreements/.

[62] Legislation.gov.uk. Commission Regulation (EC) No 1400/2002 [EB/OL]. https://www.legislation.gov.uk/eur/2002/1400/contents.

[63] Legislation.gov.uk. Commission Regulation (EC) No 1475/95 [EB/OL]. https://www.legislation.gov.uk/eur/1995/1475/contents/adopted.

[64] Legislation.gov.uk. Commission Regulation (EU) No 330/2010 [EB/OL]. https://www.legislation.gov.uk/eur/2010/330.

[65] Legislation.gov.uk. Commission Regulation (EU) No 461/2010 [EB/OL]. https://www.legislation.gov.uk/eur/2010/461/article/5.

[66] Lube. Austrian Supreme Court Rules that Peugeot Austria has Abused Market Power Against Independent Dealers [EB/OL]. https://www.lube-media.com/industry-news/austrian-supreme-court-rules-peugeot-austria-abused-market-power-independent-dealers/.

[67] Marklines. Italy-Automotive Sales Volume 2021 [EB/OL]. https://www.marklines.com/en/statistics/flash_sales/automotive-sales-in-italy-by-month-2021.

[68] Martin J P. Judicial Treatment of the Automobile Dealer Franchise Act [J]. Mich. L. Rev., 1963 (62): 310.

[69] McHugh D P. The Automobile Dealer Franchise Act of 1956 [J]. Antitrust Bull., 1956 (2): 353.

[70] National Automobile Dealers Association. Nada Data 2021 Annual Finan-

cial Profile of America's Franchised New-car Dealerships [EB/OL]. https: // www. nada. org/media/4695/download? inline.

[71] Norsk Elbilforening. Norwegian EV Policy [EB/OL]. https: //elbil. no/english/norwegian-ev-policy/.

[72] OFV. Bilsalget I Desember 2017 [EB/OL]. https: //ofv. no/bilsalget/bilsalget-i-desember.

[73] Publication detail. Commission Regulation (EEC) No 123/85 of 12 December 1984 on the Application of Article 85 (3) of the Treaty to Certain Categories of Motor Vehicle Distribution and Servicing Agreements [EB/OL]. https: // op. europa. eu/en/publication-detail/-/publication/b346a135-02ad-4615-9c86-7a67b169fa8a/language–ehttps: //op. europa. eu/en/publication–detail/-/publication/b346a135-02ad-4615-9c86-7a67b169fa8a/language-en.

[74] Publication Detail. Review of Commission Notice—Supplementary Guidelines on Vertical Restraints in Agreements for the Sale and Repair of Motor Vehicles and for the Distribution of Spare Parts for Motor Vehicles [EB/OL]. https: // op. europa. eu/en/publication-detail/-/publication/e0880e00-fd01-11ec-b94a-01aa75ed71a1/language-nl/format-XHTML.

[75] Raphaël M. The Franchise Law Review: France, The Law Reviews [EB/OL]. https: //thelawreviews. co. uk/title/the-franchise-law-review/france#footnote-003.

[76] Simon J. Norway Distributors Feeling the EV Pinch [EB/OL]. https: //www. lubesngreases. com/lubereport-emea/5_37/norway-distributors-feeling-the-ev-pinch/.